Auditorias da qualidade

Auditorias da qualidade

Rosinda Angela da Silva

Rua Clara Vendramin, 58 ▪ Mossunguê
Cep 81200-170 ▪ Curitiba ▪ PR ▪ Brasil
Fone: (41) 2106-4170
www.intersaberes.com
editora@intersaberes.com

Conselho editorial
Dr. Alexandre Coutinho Pagliarini
Drª. Elena Godoy
Dr. Neri dos Santos
Mª. Maria Lúcia Sabatella

Editora-chefe
Lindsay Azambuja

Gerente editorial
Ariadne Nunes Wenger

Assistente editorial
Daniela Viroli Pereira Pinto

Preparação de originais
Revisare

Edição de texto
Mille Foglie Soluções Editoriais
Palavra do Editor

Projeto gráfico
Laís Galvão
Sílvio Gabriel Spannenberg

Capa
Iná Trigo (*design*)
CARACOLLA/Shutterstock (imagem)

Diagramação
Kelly Adriane Hübbe

Equipe de *design*
Iná Trigo
Sílvio Gabriel Spannenberg

Iconografia
Regina Claudia Cruz Prestes
Sandra Lopis da Silveira

1ª edição, 2023.

Foi feito o depósito legal.

Informamos que é de inteira responsabilidade da autora a emissão de conceitos.

Nenhuma parte desta publicação poderá ser reproduzida por qualquer meio ou forma sem a prévia autorização da Editora InterSaberes.

A violação dos direitos autorais é crime estabelecido na Lei n. 9.610/1998 e punido pelo art. 184 do Código Penal.

Dados Internacionais de Catalogação na Publicação (CIP)
(Câmara Brasileira do Livro, SP, Brasil)

Silva, Rosinda Angela da
  Auditorias da qualidade / Rosinda Angela da Silva. -- Curitiba : Editora Intersaberes, 2023.

  Bibliografia.
  ISBN 978-65-5517-174-7

  1. Auditoria 2. Controle de qualidade - Normas I. Título.

22-134670   CDD-658.562

Índices para catálogo sistemático:

1. Auditoria da qualidade : Normas : Administração   658.562
Cibele Maria Dias – Bibliotecária – CRB-8/9427

Sumário

Apresentação — 13
Como aproveitar ao máximo este livro — 17

1. Aspectos históricos — 19
 1.1 Conceito de qualidade — 22
 1.2 Qualidade como estratégia — 25
 1.3 Importância da normatização e da padronização — 29
 1.4 Surgimento da ISO e Sistema de Gestão da Qualidade — 40

2. Auditorias — 51
 2.1 Conceito de auditoria — 53
 2.2 Classificação das auditorias — 55
 2.3 Órgãos certificadores e acreditadores — 63
 2.4 Norma ISO 9001 — 67

3. Normas ISO — 91
 3.1 Norma ISO 14001 — 93
 3.2 Norma ISO 45001 — 104
 3.3 Norma IATF 16949 — 113

4. Norma ISO 19011 – para auditores — 129
 4.1 Formação de auditores internos e externos — 132
 4.2 Diretrizes da Norma ISO 19011 — 134

4.3 Métodos de auditoria abordados pela norma 145
  4.4 Gestão de risco nas auditorias 147
  4.5 Ciclo das auditorias 151

5. Capacitação de auditores **157**
  5.1 Por que ser auditor? 160
  5.2 Conhecimentos requeridos de um auditor 165
  5.3 Competências, habilidades e atitudes necessárias para ser um auditor 176
  5.4 Qualificação do auditor (auditor, auditor líder, equipe de auditoria) 180
  5.5 Identificação e encaminhamento de não conformidades 187

6. Processo das auditorias da qualidade **195**
  6.1 Benefícios e desafios das auditorias 198
  6.2 Programa de auditoria 200
  6.3 Preparação de auditorias 206
  6.4 Execução de auditorias 209
  6.5 Fechamento, relatório de auditorias e *follow-up* 213

7. Gerenciamento do programa de auditoria **221**
  7.1 Pontos de melhoria 224
  7.2 Elaboração de plano de ação 232
  7.3 Indicadores de *performance* das auditorias 237
  7.4 Como manter o sistema de qualidade ativo 244
  7.5 Desafios futuros das auditorias 247

Considerações finais 261
Lista de siglas 263
Referências 267
Respostas 273
Sobre a autora 279

Dedicatória

*Ao Heitor, que chegou à família recentemente
nos fazendo lembrar que é preciso deixar para as
próximas gerações um mundo melhor do que aquele
que encontramos quando chegamos aqui. Esta obra
é uma pequena parte de minha contribuição.*

Agradecimentos

À família e aos amigos, pelo aporte.

Aos meus alunos, pelos constantes desafios, pois isso é o que me mantém sempre em busca de conhecimento.

*"Livros não mudam o mundo. Quem muda
o mundo são as pessoas. Livros só mudam pessoas."*

Mário Quintana

Apresentação

A celeridade das transformações no mundo dos negócios tem exigido habilidade por parte dos gestores e presteza na tomada de decisões, para adequar a empresa às novas demandas do mercado de forma efetiva.

Nesse universo de demandas, encontram-se as partes interessadas no negócio, principalmente investidores e líderes empresariais, que desejam certificar-se de que a empresa está no caminho mais promissor, tanto no cumprimento das obrigações legais, fiscais, tributárias, trabalhistas, ambientais, de saúde e segurança do trabalho quanto no atendimento ao cliente, com produtos e serviços de qualidade.

Cada vez mais as empresas têm buscado se adequar e criar políticas de *compliance*, governança corporativa, segurança cibernética, respeito à lei de proteção de dados, entre outras, para demonstrar ao mercado que a gestão está na vanguarda das transformações e que a empresa atua nas bases do ESG (sigla em inglês para *Environmental, Social and Governance*, que corresponde ao conceito de governança ambiental, social e corporativa). Todavia, para que um gestor desempenhe bem suas atividades em meio a tudo isso, precisa munir-se de informação de qualidade; em outras palavras, tem de manipular dados de modo a compor um *input* de análise dos pontos de melhoria e elaborar um plano de ação adequado que mantenha a empresa competitiva.

O gestor deve ter a habilidade de reconhecer e buscar informações de qualidade, as quais demonstrem onde e como a empresa está e para onde ela pode ir. Embora existam diversas ferramentas e metodologias úteis para o levantamento de informações, aqui enfocaremos as auditorias da qualidade, considerando-as uma solução simples e já conhecida pelas organizações para obter os dados de que necessitam e, após uma análise crítica, transformá-los em informações úteis. Assim, esta obra é destinada a auditores em atuação ou em formação, bem como a gestores de processos e auditados, os quais necessitam compreender esse universo.

Sem a pretensão de compor um manual para um curso de auditoria da qualidade, neste livro, empreendemos esforços para apresentar ao(à) leitor(a) a essência dos processos desse tipo de auditoria; também nos propomos a explicar como os ciclos são organizados e quais são os principais conhecimentos necessários para compreender essa importante atividade.

No Capítulo 1, fazemos uma breve introdução aos estudos da qualidade e esclarecemos como a qualidade se tornou uma estratégia, ajudando as empresas a melhorar seus processos, produtos e serviços. Nesse sentido, discutimos a padronização, a normatização e a normalização de produtos e processos, em que a International Organization for Standardization (ISO) teve papel preponderante, principalmente com a Norma ISO 9001, que introduziu nas organizações o Sistema de Gestão da Qualidade (SGQ).

No Capítulo 2, passamos a tratar diretamente de auditoria, abordando seu conceito, suas classificações e as razões pelas quais estas foram instituídas nos processos de qualidade. Para facilitar o entendimento, comentamos sobre os órgãos certificadores e acreditadores e dos requisitos da Norma ISO 9001. Afinal, para o(a) auditor(a), é imprescindível entendê-la mais profundamente e, para o(a) auditado(a), é de suma importância compreender o contexto e conhecer os requisitos que impactam ou são impactados por seu processo.

No Capítulo 3, damos sequência à apresentação das normas, mas avançamos na abordagem e examinamos a ABNT NBR ISO 14001, 45001 e IATF 16949. Nesse ponto, especificamos os requisitos das normas e a contribuição de cada uma delas. Com relação à ISO 14001, de gestão ambiental, resgatamos alguns fatos históricos sobre a gestão ambiental no Brasil e no mundo. Já quanto à ISO 45001, voltada à saúde e à segurança do trabalho, esclarecemos o que é um ambiente seguro e saudável para os colaboradores. Por fim, tratamos da IATF 16949, centrada na gestão da indústria automotiva.

Dedicamos o Capítulo 4 à formação dos auditores, enfocando a Norma ISO 19011, com a apresentação dos aspectos referentes a requisitos, métodos de auditoria, importância da gestão de riscos e ciclo da auditoria. Salientamos a importância de os auditores internos e externos receberem capacitação adequada para o planejamento e a realização de auditorias eficientes.

O tema central do Capítulo 5 são os conhecimentos requisitados do auditor; por isso, elencamos as competências necessárias e algumas ferramentas e metodologias que precisam ser manejadas por esse profissional. Além disso, destacamos os papéis mais comumente encontrados nos processos de auditorias.

Assuntos como os benefícios e os desafios das auditorias para as empresas e para os profissionais são explanados no Capítulo 6. Ainda, descrevemos como um auditor pode gerenciar um programa de auditoria por completo. Na condição de auditado(a), o(a) leitor(a) certamente terá uma visão ampliada de todo o contexto envolvido, e não apenas de sua participação no dia em que seu processo passa por uma auditoria.

Por fim, no Capítulo 7, comentamos os pontos de melhoria que são detectados por meio dos relatórios de fechamento, os quais requerem um plano de ação. Com o ciclo de auditoria encerrado, o gestor do processo certamente analisará os resultados dos indicadores de modo a contrastá-los com as metas previstas inicialmente. Para concluir nossa abordagem, refletimos sobre os desafios de se manter um sistema de gestão da qualidade ativo.

Em síntese, estruturamos esta obra de forma a apresentar as auditorias da qualidade com base nos conceitos fundamentais, avançando para as normas até chegarmos ao fluxo de organização, planejamento, execução e reflexão sobre os resultados alcançados. Finalizamos com um estudo de caso, em que analisamos uma experiência real, porém com nomes fictícios, com o intuito de ilustrar situações com as quais um auditor da qualidade pode se deparar em algum momento de sua carreira.

Como aproveitar ao máximo este livro

Empregamos nesta obra recursos que visam enriquecer seu aprendizado, facilitar a compreensão dos conteúdos e tornar a leitura mais dinâmica. Conheça a seguir cada uma dessas ferramentas e saiba como estão distribuídas no decorrer deste livro para bem aproveitá-las.

Conteúdos do capítulo:

Logo na abertura do capítulo, relacionamos os conteúdos que nele serão abordados.

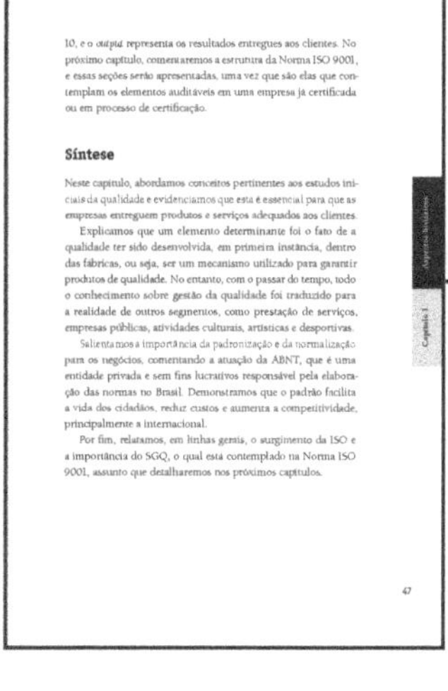

Após o estudo deste capítulo, você será capaz de:

Antes de iniciarmos nossa abordagem, listamos as habilidades trabalhadas no capítulo e os conhecimentos que você assimilará no decorrer do texto.

Conteúdos do capítulo

- Auditorias.
- Classificações de auditoria.
- Órgãos certificadores e acreditadores.
- Norma ISO 9001.

Após o estudo deste capítulo, você será capaz de:

1. definir auditorias;
2. citar as classificações de auditoria;
3. diferenciar órgãos certificadores e acreditadores;
4. examinar a Norma ISO 9001.

Compreendido o contexto do Sistema de Gestão da Qualidade (SGQ), passaremos a discorrer sobre as auditorias, tema deste livro. Inicialmente, forneceremos as definições e algumas classificações. Em seguida, especificaremos o papel dos órgãos certificadores e acreditadores. Por fim, examinaremos de forma simplificada os requisitos da Norma ISO 9001, sua aplicação e seus requisitos, assumindo a ótica do auditor.

10, e o *output* representa os resultados entregues aos clientes. No próximo capítulo, comentaremos a estrutura da Norma ISO 9001, e essas seções serão apresentadas, uma vez que são elas que contemplam os elementos auditáveis em uma empresa já certificada ou em processo de certificação.

Síntese

Neste capítulo, abordamos conceitos pertinentes aos estudos iniciais da qualidade e evidenciamos que esta é essencial para que as empresas entreguem produtos e serviços adequados aos clientes.

Explicamos que um elemento determinante foi o fato de a qualidade ter sido desenvolvida, em primeira instância, dentro das fábricas, ou seja, ser um mecanismo utilizado para garantir produtos de qualidade. No entanto, com o passar do tempo, todo o conhecimento sobre gestão da qualidade foi traduzido para a realidade de outros segmentos, como prestação de serviços, empresas públicas, atividades culturais, artísticas e desportivas.

Salientamos a importância da padronização e da normalização para os negócios, comentando a atuação da ABNT, que é uma entidade privada e sem fins lucrativos responsável pela elaboração das normas no Brasil. Demonstramos que o padrão facilita a vida dos cidadãos, reduz custos e aumenta a competitividade, principalmente a internacional.

Por fim, relatamos, em linhas gerais, o surgimento da ISO e a importância do SGQ, o qual está contemplado na Norma ISO 9001, assunto que detalharemos nos próximos capítulos.

47

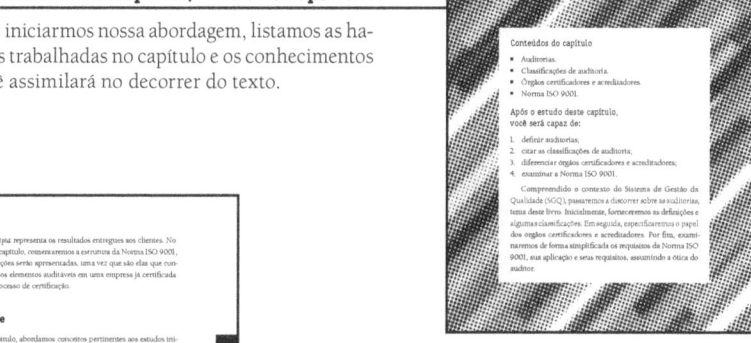

Síntese

Ao final de cada capítulo, relacionamos as principais informações nele abordadas a fim de que você avalie as conclusões a que chegou, confirmando-as ou redefinindo-as.

Questões para revisão

Ao realizar estas atividades, você poderá rever os principais conceitos analisados. Ao final do livro, disponibilizamos as respostas às questões para a verificação de sua aprendizagem.

Questões para reflexão

Ao propormos estas questões, pretendemos estimular sua reflexão crítica sobre temas que ampliam a discussão dos conteúdos tratados no capítulo, contemplando ideias e experiências que podem ser compartilhadas com seus pares.

Estudo de caso

Nesta seção, relatamos situações reais ou fictícias que articulam a perspectiva teórica e o contexto prático da área de conhecimento ou do campo profissional em foco com o propósito de levá-lo a analisar tais problemáticas e a buscar soluções.

1

Aspectos históricos

Conteúdos do capítulo:

- Conceito de qualidade.
- Qualidade como estratégia.
- Importância da normatização e da padronização.
- Surgimento da International Organization for Standardization (ISO) e do Sistema de Gestão da Qualidade (SGQ).

Após o estudo deste capítulo, você será capaz de:

1. identificar o papel da qualidade no cotidiano;
2. examinar como a qualidade pode ser uma estratégia no âmbito dos negócios;
3. citar os benefícios da padronização;
4. comentar a relevância da ISO e do SGQ para a gestão da qualidade.

Para reconhecer a contribuição das auditorias para a garantia da qualidade, é preciso ter clareza sobre alguns conceitos basilares nessa área. Assim, neste primeiro momento, detalharemos os principais aspectos que fizeram da qualidade uma das estratégias mais utilizadas pelas organizações atualmente.

Demonstraremos a evolução dos princípios da qualidade, que surgiu para atender às necessidades das fábricas e, na atualidade, é imprescindível para outros segmentos, como serviços, varejo e entretenimento. Um dos pontos que motivaram esse desenvolvimento foi a adaptação dos conceitos para essas realidades e a exigência do mercado consumidor, que está cada vez mais sofisticado, demandando mais esforço das empresas para obter sua preferência.

Como solução, as empresas têm buscado investir em padronização e normalização, visando à obtenção de certificações, principalmente internacionais, para se manterem competitivas no mercado. Mas... vamos por partes! Começaremos refletindo sobre o que é qualidade.

1.1
Conceito de qualidade

Qualidade é a relação entre as características de um produto ou serviço e as expectativas criadas pelo cliente. Nesse sentido, podemos adotar a definição de Vicente Falconi Campos, expoente nos estudos da qualidade e administração no Brasil, para quem "um produto ou serviço de qualidade é aquele que atende perfeitamente, de forma confiável, de forma acessível, de forma segura e no tempo certo às necessidades do cliente" (Campos, 1992, p. 2).

Essa definição contém algumas palavras-chave: *atende, perfeitamente, confiável, acessível, segura, tempo, necessidades, cliente*, o que demonstra que, para se construir qualidade, é preciso atingir certo patamar segundo um conjunto de critérios. Considerando cada um dos termos utilizados pelo autor, notamos que toda a empresa tem de estar comprometida com o "fazer qualidade", para entregar mais valor ao cliente. Assim, podemos entender por *qualidade* uma atividade compartilhada, em que a responsabilidade por um produto ou serviço não é somente de um setor (setor de qualidade, setor de controle de qualidade, assessoria da qualidade ou qualquer outro afim), mas da organização como um todo.

A qualidade como área de estudo no Brasil é relativamente recente. Embora as empresas brasileiras utilizem muitos conceitos criados em outros países, isso só se fortaleceu a partir da década de 1970. Por sua vez, o Japão, país referência nos estudos da qualidade, preocupa-se em disseminar tais conceitos como rotina desde o final da Segunda Guerra Mundial (a partir de 1945). Em outros países, incluindo o Brasil, a atenção aos princípios da qualidade ganhou força um pouco mais tarde. No contexto nacional, isso está relacionado à industrialização tardia. E o que a industrialização tem a ver com a qualidade?

Na prática, boa parte do conhecimento atual sobre qualidade foi construído nas fábricas. Inúmeros estudos, experimentos, metodologias, ferramentas, princípios, entre outros, foram desenvolvidos em indústrias de todo o mundo. Desse modo, as fábricas foram os grandes laboratórios da qualidade, nos quais os profissionais de diversas áreas do conhecimento buscaram melhorar processos e produtos.

A evolução da qualidade acompanhou o desenvolvimento da tecnologia e das organizações. Num primeiro momento, a qualidade era entendida como imprescindível para a fabricação de bens (produtos tangíveis) sem defeitos e que atendessem às necessidades dos clientes; na atualidade, o conceito é muito mais amplo e abrange a prestação de serviços, bem como a revenda de produtos. Ademais, a qualidade se revela nas artes, em suas diferentes manifestações (literatura, música, dança, pintura, escultura, teatro, cinema, fotografia); na gestão das empresas privadas e públicas; nas grandes e pequenas corporações; nas instituições de ensino; nas instituições financeiras; nas empresas de saúde e estética; nas *startups*; nas *fintechs*; nos eventos e times esportivos; enfim, em todo e qualquer tipo de negócio.

O gestor da atualidade precisa entender a qualidade de forma ampla, com presença em todas as fases dos processos, desde a concepção até a pós-entrega do produto ou serviço ao cliente. Isso demanda ajustes no modo como um produto ou serviço é concebido e produzido e aumenta a necessidade de qualificar e requalificar a equipe com frequência, principalmente porque uma empresa é constituída por pessoas (todos os colaboradores) e para atender pessoas (todos os clientes e demais partes interessadas).

Outro entendimento que o gestor deve ter é que o mercado é dinâmico e a concorrência existe para todo e qualquer tipo de produto ou serviço. Isso implica não entrar na zona de conforto, estar atento aos movimentos do mercado e buscar, cada vez mais, compreender o que o cliente realmente deseja, o que, de modo geral, corresponde "a uma combinação de: qualidade do produto ou serviço, prazo de entrega, pontualidade na entrega, boa reputação, bom atendimento, adequação ambiental, entre outros" (Carpinetti; Miguel; Gerolamo, 2011, p. 2).

Para atender a esses requisitos que o cliente valoriza, a empresa tem de estar disposta a se manter em melhoria contínua e repensar suas estratégias, políticas, procedimentos, enfim, seu *modus operandi*. Infelizmente, não raro, empresas que chegaram a ser referência em seus segmentos faliram porque não vislumbraram as mudanças em curso, principalmente no perfil do cliente, no estilo de consumo e na aplicação de tecnologias cada vez mais inovadoras nos processos produtivos e de atendimento.

Obviamente, uma empresa não finda suas operações de uma hora para outra; afinal, o processo de decadência inicia lentamente e, se o gestor estiver atento, ainda terá a possibilidade de reverter a situação. Alguns sinais a serem observados são: a reclamação ou a solicitação do cliente que não foi ouvida; o pedido que não foi atendido conforme o previsto; a entrega que atrasou; o produto que apresentou defeito no uso; o serviço que não demonstrou bons resultados para o cliente contratante; a falta de um procedimento por parte da empresa para lidar com crises; o atendimento inadequado ao colaborador; a busca por culpados em lugar de soluções. Quando a organização não logra resolver esses problemas e implementar melhorias, ela abre espaço para a concorrência.

De maneira geral, os concorrentes buscam melhor desempenho justamente naquilo em que a empresa que já está consolidada no mercado apresenta falha. Isso fica claro quando analisamos um fenômeno dos últimos anos: o surgimento de empresas, principalmente *startups*, com soluções criativas e pautadas em tecnologia para problemas comuns, como Uber, para fazer frente aos táxis, e Airbnb, para fazer frente aos hotéis. Compõem também esse cenário de mudanças: os bancos digitais, que competem com instituições financeiras públicas e privadas que batem recorde de lucratividade ano a ano; as carteiras digitais, que dispensam o risco de estar com dinheiro em espécie ou a necessidade de ir até uma agência ou máquinas de autoatendimento para realizar saques; o Pix, que substitui o boleto bancário ou a transferência;

os cartões de crédito virtuais, que podem ser desbloqueados somente no momento do uso; entre outros.

Portanto, se os gestores se mantiverem atentos aos movimentos, podem se preparar para a entrada da concorrência sem serem afetados a ponto de fechar as portas. Embora, historicamente, a qualidade tenha se fortalecido mais nos tempos de crise, como no pós-guerra, no Japão, e com a entrada de concorrência externa no Brasil, é inaceitável que os gestores só se preocupem em aprimorar seu sistema de gestão da qualidade em meio a crises. Isso é uma falha que precisa ser eliminada.

Um sistema de gestão da qualidade ativo é aquele que acompanha as mudanças de mercado, que está em constante aprimoramento e que ajuda a empresa a ter um diferencial competitivo no mercado. Diante disso, segundo Paladini (2011), o centro do debate deixou de ser *por que* produzir qualidade e passou a ser *como* fazer qualidade. Para garantir que a qualidade que está sendo feita atenda aos requisitos do cliente, é inescapável avaliar, função que depende de mecanismos adequados, aplicados na rotina de organizações do Brasil e do mundo todo. Entre esses mecanismos, podemos destacar: o uso de indicadores, o acompanhamento da variabilidade de processo, o monitoramento com *softwares* específicos, as auditorias da qualidade etc.

1.2
Qualidade como estratégia

Para esclarecermos como a qualidade pode ser uma estratégia, partiremos de algumas definições. Já afirmamos que qualidade é a relação entre as expectativas do cliente e aquilo que a empresa entrega como produtos ou serviços. E o que vem a ser estratégia?

De acordo com Maximiano (2009, p. 230-231), *estratégia* é uma palavra de origem grega que se relaciona à arte dos generais para vencer as guerras. Portanto, trata-se de um conhecimento antigo, haja vista que o livro *A arte da guerra*, de Sun Tzu, que tem a estratégia como seu tema principal, foi escrito por volta do ano 500 a.C. (Silva, 2012). No entanto, Maximiano (2009) explica que foi somente no início do século XX que a concepção de estratégia chegou às empresas e, ainda mais recentemente, em 1960, foi incorporada às rotinas organizacionais. E qual é sua conexão com a qualidade?

A qualidade, conforme já mencionamos, passou a fazer parte do cenário empresarial de maneira mais contundente no Japão, após a Segunda Guerra Mundial, e difundiu-se pelo Brasil na década de 1980, quando os gestores brasileiros tiveram contato com as técnicas, metodologias e ferramentas da qualidade que já estavam sendo utilizadas no mundo inteiro.

Ao compreenderem os conceitos, aplicarem as ferramentas e perceberem os resultados, os gestores notaram que a qualidade poderia ser adotada como estratégia em organizações de diversos segmentos e em diferentes contextos. Isso só foi possível graças à mudança de visão dos gestores, os quais concluíram que a qualidade não é um problema, mas uma oportunidade de se destacar perante a concorrência, pois reduz custos e melhora os processos.

Nesse contexto, a gestão da qualidade se enquadra como uma estratégia e tem sido tratada por diversos profissionais e pesquisadores como uma oportunidade que a empresa não pode perder. E uma das formas mais comumente utilizadas para implementar a gestão da qualidade é a busca por uma certificação, principalmente internacional.

Para se preparar para uma certificação, a empresa precisa definir uma estratégia para ajustar seus processos, que pode ser de cima para baixo (*top-down* – efeito chuveiro) ou de baixo para cima (*bottom-up* – efeito bidê). Esse conceito de estratégia é largamente empregado pela área de mapeamento de processo, mas pode ser perfeitamente adaptado para a estratégia da empresa, para poder se certificar.

No efeito *top-down*, a empresa reconhece que os processos gerenciais não estão adequados e que sérios ajustes devem ser realizados antes de se iniciar o processo de implementação da gestão da qualidade. Nessa estratégia, a empresa realiza o mapeamento das atividades gerenciais e de suporte e cria os procedimentos e documentos necessários (políticas, diretrizes, manuais) para a padronização de sua rotina. São descritas as atividades de cada processo no chamado *as-is* e é desenhado o que a empresa realmente necessita para fazer da qualidade sua estratégia (*to-be*). Assim, o *as-is* corresponde ao desenho do estado atual, e o *to-be*, ao desenho do estado futuro.

No efeito *bottom-up*, a empresa constata que sua área gerencial está alinhada com as estratégias atuais e, assim, concentra-se na análise das operações da área de fábrica ou de atendimento. Com isso, busca melhorar os padrões até chegar às áreas de suporte e gerência. Perceba que, independentemente da estratégia que a empresa adotar para os ajustes (*top-down* ou *bottom-up*), todos os processos da empresa devem ser avaliados.

Se a empresa optar por um processo de obtenção de uma certificação, a definição de qual estratégia será utilizada (*top-down* ou *bottom-up*) é um dos primeiros passos. Para ampliar as chances de êxito, a empresa deve fazer uma autoanálise, de forma a identificar o conhecimento que já tem. Para auxiliar nessa tarefa, Silva e Silva (2017, p. 52) recomendam verificar se:

- os colaboradores estão capacitados;
- a empresa entende o que o cliente valoriza;
- a empresa conhece os requisitos de qualidade que o cliente considera;
- são realizados o monitoramento e a avaliação para checar se os resultados obtidos estão satisfatórios;
- a empresa conhece e usa ferramentas para planejar estrategicamente todos os recursos a serem utilizados.

Se a empresa identifica que já atende a esses requisitos, sugere-se avaliar se seu produto ou serviço também atende às prerrogativas do mercado internacional. Sem dúvida, isso é muito importante, dado que, na maioria dos casos em que uma empresa tem interesse em obter uma certificação internacional, ela tem o objetivo de se internacionalizar.

A internacionalização é uma estratégia de crescimento das organizações, a qual está pautada no coeficiente de qualidade que ela consegue obter. Assim, se a empresa já alcançou uma certificação, certamente parte da lição de casa ela já fez. No entanto, é preciso fazer mais do que isso.

Quanto aos **processos internos da organização**, é necessário adotar padrões internacionais, ou seja, adaptar o produto para que ele possa ser comercializado em outros países. Um exemplo que ilustra esse caso é o da indústria automotiva, que, atuando no mundo todo, tem de adaptar os veículos em países que utilizam a mão inglesa, posicionando o volante no lado direito.

A empresa precisa implementar **ações institucionais** não somente para melhorar os processos, mas para criar a cultura da qualidade. Ademais, ela tem de **contemplar a qualidade no planejamento estratégico** (PE), e a **alta direção deve se envolver e se comprometer** com os resultados obtidos. Isso implica garantir que os gestores compreendam a importância dessa estratégia para toda a organização. Outro aspecto necessário é **investir na qualificação das pessoas** para que usem ferramentas e metodologias de vanguarda, além de propor melhorias dos sistemas informatizados e de gestão.

1.3
Importância da normatização e da padronização

Para chegar ao coeficiente de qualidade que temos hoje, muitas pesquisas foram realizadas, inúmeras ferramentas foram desenvolvidas, testadas e aplicadas, sempre em busca de um padrão que pudesse ser replicado em diferentes contextos. Estão associados a esse intuito os conceitos de normatização e normalização, os quais detalharemos a seguir.

A **normatização** corresponde à criação e à aplicação das normas internas da empresa que todos conhecem e utilizam. Ela abrange o esforço para facilitar o entendimento dos documentos internos que acompanham os processos, como: Procedimento Operacional Padrão (POP), Instrução de Trabalho (IT), Instrução de Montagem, *Checklist* de Recebimento de Produto, Relatório de Não Conformidade (RNC), Fluxograma de Processo, Matriz de Competência dos Colaboradores, Formulários de Pesquisa de Clima Organizacional, Regulamento Interno (RI), entre outros.

A normatização, realizada pela própria empresa, é de extrema relevância para o bom andamento dos negócios, bem como para a sistematização do conhecimento organizacional. Afinal, se os processos da empresa estão descritos e sistematizados, mesmo que ocorra a rotatividade de colaboradores, o conhecimento essencial que garante a *performance* adequada de atendimento ao cliente permanece na empresa.

Cada área ou setor da organização pode fixar as próprias normas. Eis alguns exemplos:

- O Departamento Comercial analisa as vendas do mês anterior no máximo em até dois dias úteis do mês corrente. Isso significa dizer que as vendas que fecharam em 31 de agosto serão analisadas até o 2º dia útil de setembro.

- O Departamento de Gestão de Pessoas informa ao setor financeiro, até o dia 25 de cada mês, o valor dos salários a serem pagos aos colaboradores considerando-se os descontos por faltas, atrasos, entre outros.
- O Departamento Financeiro realiza o *follow-up* dos boletos bancários em Débito Direto Autorizado (DDA) até as 9 h da manhã para os pagamentos do dia.
- O Departamento Contábil tem obrigações com a apuração dos tributos da empresa; portanto, deve conhecer os prazos para a entrega das informações aos órgãos competentes.
- O Departamento de Sistema de Gestão da Qualidade (SGQ) da empresa realiza duas auditorias internas por ano, verificando todos os processos.

Sobre a abrangência, no caso das normas definidas pelas organizações, elas devem ser do conhecimento de todos os colaboradores. Alguns exemplos de normas internas que independem de departamento são:

- Código de Conduta (também pode ser chamado de Código de Ética) – Nesse documento, especifica-se o que se espera do colaborador no que diz respeito a seu comportamento e ao uso dos recursos da empresa. Podem ser ações que ferem o Código de Conduta: a utilização dos computadores da empresa para acessar *sites* por interesse pessoal; o uso do veículo da empresa para atividades que não fazem parte do escopo do trabalho; a impressão de documentos pessoais.
- Obrigatoriedade do uso de crachá e uniforme nas dependências da empresa – Essas são duas exigências rotineiras em grande parte das organizações, por questões de segurança, tanto do patrimônio quanto dos demais colaboradores.
- Procedimento para solicitação de itens no almoxarifado – Esse procedimento precisa ser da ciência de todos os colaboradores, para que o controle dos estoques não seja prejudicado.

- Benefícios da empresa, como auxílio educacional – Muitas organizações oferecem bolsas de estudos para seus colaboradores, mas deve ficar claro quem tem direito ao benefício, a partir de quanto tempo da admissão, qual percentual será concedido, como será feita a comprovação de aproveitamento, incluindo notas, ausências e outras situações pertinentes.

Poderíamos listar muitos outros exemplos, mas os que foram citados certamente já representam algumas práticas comuns nas organizações. Considerando-se que são normas internas, lembre-se de que as empresas têm liberdade para instituí-las e revogá-las a qualquer tempo.

Já a **normalização** refere-se ao ato de normalizar, ou seja, tornar normal, simplificar, possibilitar que o conhecimento e a qualidade da produção de bens e serviços sejam reproduzidos em diferentes contextos. Com relação ao conceito, a Associação Brasileira de Normas Técnicas (ABNT, 2002c) explica:

> A normalização é, assim, o processo de formulação e aplicação de regras para a solução ou prevenção de problemas, com a cooperação de todos os interessados, e, em particular, para a promoção da economia global. No estabelecimento dessas regras recorre-se à tecnologia como o instrumento para estabelecer, de forma objetiva e neutra, as condições que possibilitem que o produto, projeto, processo, sistema, pessoa, bem ou serviço atendam às finalidades a que se destinam, sem se esquecer dos aspectos de segurança.

Logo, a normalização não é uma ação realizada por uma empresa de maneira isolada. Na prática, normalizar significa seguir normas estabelecidas por uma organização externa reconhecida e representativa. No Brasil, é a ABNT que orienta sobre as normas seguidas pelas organizações, principalmente aquelas determinadas pela International Organization for Standardization (ISO), da qual trataremos mais adiante.

As empresas que buscam normalizar seus processos conforme padrões internacionais, segundo Silva e Lobo (2014, p. 97), atingem importantes objetivos, como:

- economia de insumos, com a redução da variabilidade dos processos;
- comunicação clara e eficiente com as partes interessadas no negócio da empresa;
- proteção do consumidor, possibilitando a checagem da qualidade dos bens e serviços produzidos;
- eliminação de barreiras comerciais e técnicas, abrindo portas para as negociações internacionais; e
- segurança na produção de bens e serviços de modo a atender às normas previamente definidas e testadas por diversas empresas.

Esses objetivos também podem ser considerados benefícios e impactam os resultados externos da empresa. Assim, a normalização configura-se como uma oportunidade de ampliar a competitividade das empresas tanto no Brasil quanto no exterior.

A ABNT (2022c) assevera que a normalização busca assegurar que produtos e serviços atendam a requisitos básicos, como segurança, intercambiabilidade, eficiência e cuidado com o meio ambiente, de maneira que favoreça também aspectos econômicos das organizações. Dessa maneira, os benefícios da normalização podem ser técnicos, econômicos e sociais (ABNT, 2022c).

1.3.1 Padronização

Um assunto de extrema importância para dar o suporte necessário às empresas que querem (ou precisam) normatizar e normalizar é a padronização. Tendo em vista esse contexto, Campos (2014, p. 28) apresenta as seguintes definições:

Padrão: Documento consensado estabelecido para um objeto, desempenho, capacidade, ordenamento, estado, movimento, sequência, método, procedimento, responsabilidade, dever, autoridade, maneira de pensar, conceito etc., com o objetivo de unificar e simplificar de tal maneira que, de forma honesta, seja conveniente e lucrativo para as pessoas envolvidas.

Padronização: Atividade sistemática de estabelecer e utilizar padrões.

O autor explica que a padronização é uma ferramenta essencial para o gerenciamento eficiente e efetivo dos negócios, uma vez que, na qualidade total, a padronização é o alicerce para manter a rotina dos processos sob controle, o que requer um padrão referencial.

Silva e Lobo (2014) afirmam que a padronização consiste em criar padrões e modelos que reduzam ou eliminem a variabilidade dos processos. Tendo isso em vista, para ilustrarmos a importância da padronização, analisaremos alguns exemplos reais, como a fabricação de peças para montagem ou reposição. Na atualidade, diversas indústrias que antes transformavam matérias-primas em produtos acabados tornaram-se basicamente montadoras. Esse é o caso da indústria automobilística, que é uma referência quando estudamos a qualidade de processos produtivos.

Com a melhoria dos processos logísticos, a criação de normas internacionais, bem como a abertura de diversos países para o mercado internacional (inclusive o Brasil), as indústrias passaram a avaliar mais detalhadamente a relação entre o benefício e o custo de suas unidades. Assim, a possibilidade de produzir em países com custos menores passou a chamar a atenção das grandes corporações, que decidiram terceirizar sua produção em vez de construir uma nova fábrica ou até novas unidades nesses países. No entanto, um desafio crucial precisava ser solucionado:

a capacidade de as empresas de países em desenvolvimento – ou, como nomeado por Sachs (2008), de Países Menos Desenvolvidos (PMD) – produzirem componentes, partes e peças compatíveis com as especificações das montadoras. E qual foi a solução para superar esse desafio?

No caso da construção de novas fábricas em PMD, houve a expatriação de colaboradores-chave das empresas globais para capitanear os projetos da nova planta, fez-se a capacitação de colaboradores na cultura da qualidade e da padronização e firmaram-se parcerias com instituições locais para qualificar mão de obra e fornecedores.

Já no caso da terceirização da produção em empresas já existentes, o custo foi menor, uma vez que não houve necessidade de imobilização de recursos financeiros em construção, mas apenas um intenso trabalho de adequação dos processos da empresa terceirizada.

Outro exemplo que nos ajuda a entender a importância dos padrões e da padronização diz respeito à sinalização viária. Imagine um país com as dimensões do Brasil no qual cada estado pudesse definir suas placas de trânsito. Seria um caos, não é mesmo? Nesse caso, a padronização de modelos, cores e tamanhos se tornou essencial para ampliar a segurança dos motoristas e pedestres que circulam pelas vias de todo o território brasileiro.

As figuras a seguir são exemplos de padrões de sinalização de trânsito conhecidos pelos motoristas.

Figura 1.1 – Velocidade máxima 60 km/h

Figura 1.2 – Parada obrigatória

No *site* do Ministério da Infraestrutura, é possível encontrar todos os manuais brasileiros de sinalização de trânsito, os quais orientam os responsáveis pela construção e manutenção das vias brasileiras para que utilizem os padrões preestabelecidos, que têm sido objeto de estudo e melhoria contínua, com vistas a tornar o trânsito mais seguro. As figuras a seguir ilustram a importância dos padrões para o desempenho eficiente de algumas atividades.

Figura 1.3 – Seringas descartáveis

Figura 1.4 – Balança eletrônica

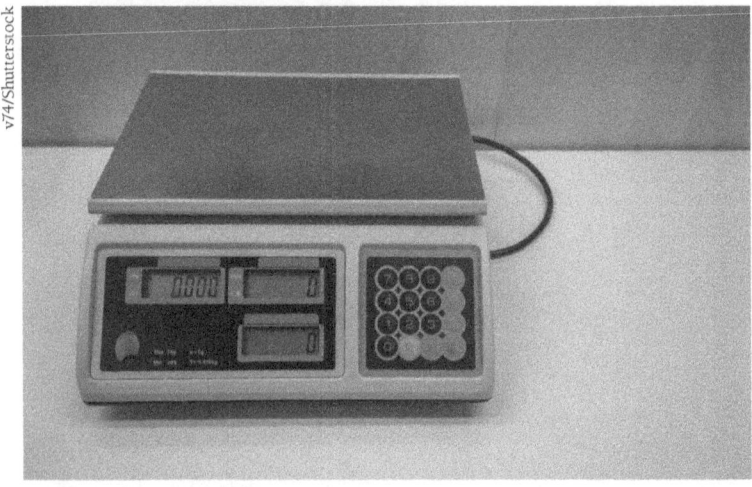

A Figura 1.3 apresenta seringas descartáveis, que são materiais básicos em hospitais, clínicas, ambulatórios, entre outros. São empregadas em procedimentos variados, e sua produção segue padrões de tamanho, material utilizado e tipo de uso. As mais comuns são usadas para coleta de sangue e aplicação de medicamentos, nos tamanhos de 1 ml, 3 ml, 5 ml, 10 ml, 20 ml e 60 ml. As seringas comercializadas no Brasil devem obrigatoriamente, no mínimo, seguir as regras determinadas por diferentes órgãos, tais como: Agência Nacional de Vigilância Sanitária (Anvisa), por meio da Resolução de Diretoria Colegiada (RDC) n. 341/2020; das normas ABNT NBR ISO 7886-1:2020 e ABNT NBR ISO 8537:2020; e da Portaria do Instituto Nacional de Metrologia, Qualidade e Tecnologia (Inmetro) n. 289/2020, em seu Anexo C. Essa é a regulamentação ora vigente; por serem resoluções e portarias, podem ser revogadas pelos órgãos competentes a qualquer tempo. O exposto evidencia a importância de checar as informações com frequência para ter certeza de que as empresas estão seguindo as normativas aplicáveis aos produtos.

A balança representada na Figura 1.4 é uma importante aliada na manutenção dos padrões das quantidades utilizadas nas indústrias. De modo geral, entre as aplicações das balanças no setor industrial, podemos citar a fabricação e a embalagem de medicamentos, alimentos, tintas, bobinas de papelão e bobinas de plástico filme, a contagem de pequenas peças e a verificação da quantidade de matérias-primas que chegam à indústria. Por sua vez, o comércio que vende produtos que precisam ser pesados na presença do consumidor (açougues, padarias, confeitarias, frutarias, mercearias, entre outros) também adota balanças, as quais precisam estar devidamente calibradas de acordo com as normas determinadas pela Rede Brasileira de Calibração (RBC) e em conformidade com o Inmetro.

Os exemplos das figuras a seguir referem-se a padrões aplicados em situações bastante distintas. Na Figura 1.5, vemos colheres dosadoras, as quais servem ao propósito de garantir o padrão do uso da matéria-prima para a produção de algum alimento e até mesmo para a manutenção do sabor. Já na Figura 1.6 estão representados dois produtos: o parafuso e a porca. Nesse caso, o padrão é imprescindível para que ambos atendam às respectivas especificações e sejam compatíveis entre si, garantindo uma fixação eficiente.

Figura 1.5 – Colheres dosadoras

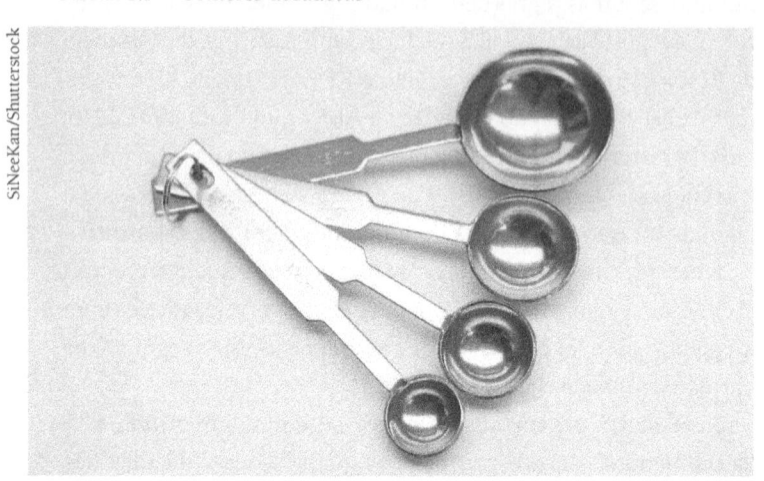

Figura 1.6 – Parafusos e porcas

Os exemplos citados até agora se referem a produtos tangíveis, materiais. Mas será que os serviços também são passíveis de serem padronizados?

Boa parte do processo de serviços pode e deve ser padronizada a fim de que os colaboradores atinjam a produtividade adequada. Além disso, para que o cliente de um serviço possa realizar por conta própria parte do processo (autosserviço), é preciso simplificar, padronizar e, sempre que possível, digitalizar.

Um exemplo de serviço com etapas já padronizadas é a emissão de documentos: passaporte, carteira de habilitação, atualização da carteira de identidade, carteira de trabalho, compra de créditos para cartões pré-pagos de diversas categorias, entre outros. Esses serviços, além de padronizados, já estão digitalizados em sua maioria.

Outras situações em que parte do processo é realizado pelo cliente são a pesagem e o despacho de bagagem, a emissão de bilhete de viagem e a compra de produtos em máquinas de autosserviço.

O avanço da tecnologia da informação e da comunicação (TIC) tem acelerado o processo de digitalização dos negócios, e o autosserviço é um caminho natural. Na atualidade, é comum o consumidor manter em seu *smartphone* vários aplicativos que lhe permitem realizar sozinho atividades que antes precisavam de atendentes, como serviços em bancos, deslocamento por táxis, reservas em hotéis, solicitação de *delivery* de alimentos, acompanhamento nutricional, agendamento de consultas e acompanhamento de atividades físicas.

Todos esses exemplos compartilham em sua essência a padronização dos processos, o que tornou possível acelerar as operações de atendimento ao cliente e melhorar a produtividade das empresas, reduzindo-se desperdícios e custos de diversas naturezas, como infraestrutura física, mão de obra e energia.

1.4
Surgimento da ISO e Sistema de Gestão da Qualidade

Para que bens e serviços chegassem ao coeficiente de qualidade que conhecemos hoje, foi necessário muito trabalho, principalmente nas áreas de organização e melhoria de processo, investimento em tecnologia de produção e qualificação dos profissionais. Nesse contexto, um dos instrumentos que serviu de apoio para essa evolução foi o estabelecimento de normas internacionais com o objetivo de padronizar processos em vários países do mundo.

As normas internacionais mais conhecidas no mundo corporativo são as da ISO – International Organization for Standardization (Organização Internacional de Normalização). A ISO surgiu no período pós-guerra, em 1946, após uma reunião ocorrida em Londres com representantes de 25 países, entre eles o Brasil. Em 1947, a organização começou a operar oficialmente em Genebra, na Suíça, com ênfase inicial na melhoria e unificação de padrões para atender à indústria. A importância da padronização está evidenciada até no nome da organização, uma vez que a sigla equivale ao prefixo grego que significa "igual" (ISO, 2022).

A ISO, como organismo internacional, tem normas aplicáveis e algumas certificáveis, em vários segmentos, como:

- ISO 9001: Sistemas de gestão da qualidade – Requisitos;
- ISO 14001: Sistemas de gestão ambiental – Requisitos com orientações para uso;
- ISO 17025: Requisitos gerais para a competência de laboratórios de ensaio e calibração;
- ISO 19011: Diretrizes para auditoria de sistemas de gestão;
- ISO 27007: Segurança da informação, segurança cibernética e proteção da privacidade – Diretrizes para auditoria de sistemas de gestão da segurança da informação;

- ISO 31000: Gestão de riscos – Diretrizes;
- ISO 45001: Sistemas de gestão de saúde e segurança ocupacional – Requisitos com orientação para uso.

Algumas dessas normas serão apresentadas mais adiante. Aqui, vamos enfocar a relação entre a ABNT e a ISO.

A ABNT representa o Brasil perante a ISO e, em seu *site* oficial, disponibiliza um Guia de Participação na ISO, para que os profissionais que participarem das reuniões internacionais conheçam o *modus operandi*. Destacam-se nesse guia os aspectos listados a seguir (ABNT, 2018a):

- A missão da ISO é fomentar o desenvolvimento da normalização globalmente para facilitar as negociações internacionais.
- Fazem parte dos comitês de discussão profissionais das áreas industriais, institutos de pesquisa, autoridades governamentais, organizações de consumidores e organismos de normalização.
- A ISO atua em diversas áreas, exceto no segmento eletroeletrônico – porque existe uma organização internacional responsável por esse setor, a International Electrotechnical Commission (IEC) – e no de telecomunicações – o qual tem a International Telecommunication Union (ITU) como sua representante.
- A missão dos delegados brasileiros é cooperar com delegações de outros países para a elaboração de uma norma internacional. Compete ao delegado brasileiro promover e defender a posição nacional do tema objeto da reunião, a qual foi estabelecida previamente pelo Comitê Brasileiro (CB), Organismo de Normalização Setorial (ONS) ou Comissão de Estudo Especial Temporária (CEE) correspondente.
- Um delegado brasileiro não é membro da ISO, e sim membro da delegação brasileira, então não deve externalizar suas opiniões individuais nas negociações.

- Os idiomas oficiais são inglês, francês e russo; no entanto, as reuniões são realizadas em inglês, que é a língua franca do comércio exterior.
- A ISO descentraliza os trabalhos a serem realizados para agilizar as propostas de novas normas e realizar estudos que justifiquem uma nova norma.
- Os profissionais envolvidos são organizados em comitês técnicos, subcomitês e grupos de trabalho e, quando estão na função de delegados da ISO, representam os organismos de normalização de seu país, e não a empresa em que trabalham.
- Os membros dos comitês podem ser participantes, situação em que devem atuar nos estudos e nas votações. Podem ser também observadores e, nessa condição, podem ou não participar de reuniões e votar, embora na fase final de aprovação do projeto da norma somente os membros participantes tenham votos válidos.

A participação da ABNT junto à ISO vai muito além de preparar os delegados para participarem de reuniões internacionais. A associação desempenha um intenso trabalho com vistas a manter um processo de melhoria contínua no país. Para isso, sempre que surge uma necessidade (produto novo no mercado, por exemplo), a ABNT encaminha o caso ao comitê técnico responsável para que o avaliem e discutam com os setores envolvidos. Caso se torne um projeto de norma, o tema é submetido à Consulta Nacional, com divulgação para toda a sociedade; assim, qualquer cidadão pode participar com sugestões de melhorias e alterações, desde que justificadas tecnicamente (ABNT, 2022a).

Para que novas normas sejam criadas pela ABNT, há um fluxo a ser seguido, conforme evidenciado na figura a seguir.

Figura 1.7 – Fluxo de elaboração de norma pela ABNT

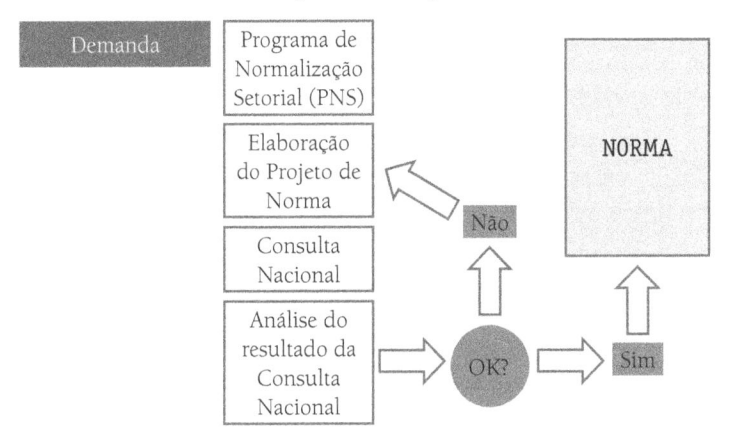

```
Demanda → Programa de Normalização Setorial (PNS)
          → Elaboração do Projeto de Norma ← Não
          → Consulta Nacional
          → Análise do resultado da Consulta Nacional ⇒ OK? ⇒ Sim → NORMA
```

Fonte: ABNT, 2022a.

Depois que as normas estão aprovadas e publicadas pela ABNT, conforme exposto anteriormente, elas passam a fazer parte do catálogo e são aplicadas pelas organizações que produzem bens e serviços contemplados na referida norma.

Agora que já tratamos do surgimento da ISO como organização internacional e também da função da ABNT como sua representante no Brasil, podemos tratar do SGQ.

1.4.1 Sistema de Gestão da Qualidade (SGQ)

Um SGQ é um modelo para estruturar os negócios da empresa que tem como prerrogativa a qualidade e a entrega de valor otimizada ao cliente. Segundo Toledo et al. (2014, p. 63), "pode-se definir um sistema de gestão da qualidade como um conjunto de recursos, regras e procedimentos que são implantados numa organização para satisfazer necessidades e expectativas das partes interessadas (clientes, acionistas, fornecedores, sociedade, entre outros)".

São vários os modelos que podem ser adotados pelas organizações, entre eles: Gestão da Qualidade Total (Total Quality

Control – TQC); Modelo de Excelência da Gestão (MEG); Manufatura de Classe Mundial (World Class Manufacturing – WCM); Produção Enxuta (Lean Manufacturing); sistemas normalizados ISO, como ISO 9001.

O SGQ que detalharemos aqui é adotado pelas empresas que têm interesse em se certificar pela ISO 9001. A certificação é defendida pela ABNT (2022b) por meio da seguinte justificativa:

> Certificação é um processo no qual uma entidade independente (3ª parte) avalia se determinado produto atende às normas técnicas. Esta avaliação se baseia em auditorias no processo produtivo, na coleta e em ensaios de amostras. O resultado satisfatório destas atividades leva à concessão da certificação e ao direito ao uso da Marca de Conformidade ABNT em seus produtos.

Implementar um SGQ em uma organização não é uma tarefa fácil, embora, na atualidade, diversas empresas de consultoria estejam preparadas para dar o suporte necessário às organizações. Ainda assim, compete aos profissionais envolvidos com as temáticas da qualidade compreendê-lo em sua essência e não deixar tudo nas mãos da consultoria. Nesse sentido, Toledo et al. (2014) asseveram que a implantação de um SGQ propiciará às empresas a melhoria e a padronização de seus processos internos, impactando diretamente o coeficiente de qualidade de produtos e serviços.

Na prática, um SGQ é muito mais que o mapeamento de processos ou adequações com o objetivo de atender à norma para ser certificado. Trata-se de uma mudança de cultura de toda a organização, por meio da qual as pessoas compreendem seu verdadeiro sentido: para uma empresa se manter no mercado, ela precisa atender às necessidades e expectativas do cliente. Isso significa que um SGQ é um modelo de gestão, e não apenas um meio para obter uma certificação.

Nos estudos da qualidade, é comum o uso da expressão "qualidade para uso e não para ISO", o que parece óbvio, mas, na prática, há um *gap* a ser analisado: se os profissionais envolvidos na implementação de um SGQ o fazem somente com vistas à certificação, eles estão desperdiçando recursos da empresa, pois é preciso pensar no SGQ como uma forma de tornar o negócio perene.

O SGQ da Norma ISO 9001 foi construído de acordo com o modelo de gestão por processos, o que considera o *input*, o processo e o *output*, como evidenciado na figura a seguir.

Figura 1.8 – Escopo do SGQ conforme o modelo da Norma ISO 9001[1]

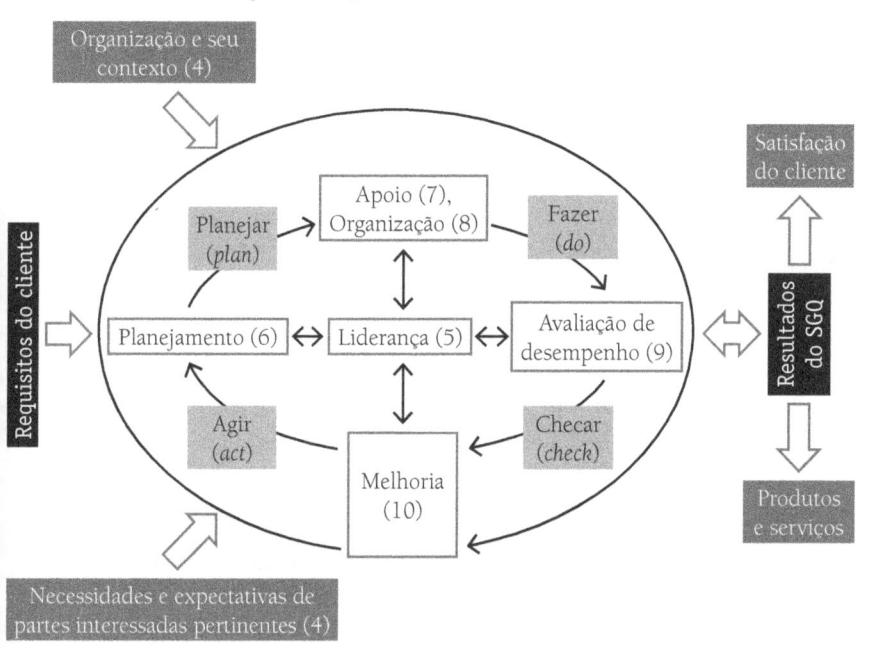

```
Organização e seu contexto (4)
Requisitos do cliente
  Planejar (plan)
  Apoio (7), Organização (8)
  Fazer (do)
  Planejamento (6) ↔ Liderança (5) ↔ Avaliação de desempenho (9)
  Agir (act)
  Checar (check)
  Melhoria (10)
Satisfação do cliente
Resultados do SGQ
Produtos e serviços
Necessidades e expectativas de partes interessadas pertinentes (4)
```

Fonte: ABNT, 2015a, p. 10.

O SGQ, conforme apresentado pela Norma ISO 9001, evidencia uma gestão por processos em que o *input* são os requisitos do cliente, os processos estão contemplados nas seções 5 a 10, e o

---

[1] A figura contempla os capítulos de 4 a 10 da norma, que são os itens auditáveis. Ao longo da obra, há outras figuras com essa numeração (de 4 a 10), as quais se referem aos mesmos elementos da norma.

output representa os resultados entregues aos clientes. No próximo capítulo, comentaremos a estrutura da Norma ISO 9001, e essas seções serão descritas, uma vez que são elas que contemplam os elementos auditáveis em uma empresa já certificada ou em processo de certificação.

Síntese

Neste capítulo, abordamos conceitos pertinentes aos estudos iniciais da qualidade e evidenciamos que esta é essencial para que as empresas entreguem produtos e serviços adequados aos clientes.

Explicamos que um elemento determinante foi o fato de a qualidade ter sido desenvolvida, em um primeiro momento, dentro das fábricas, ou seja, como um mecanismo utilizado para garantir produtos de qualidade. No entanto, com o passar do tempo, todo o conhecimento sobre gestão da qualidade foi traduzido para a realidade de outros segmentos, como prestação de serviços, empresas públicas, atividades culturais, artísticas e desportivas.

Na sequência, salientamos a importância da padronização e da normalização para os negócios, comentando a atuação da ABNT, que é uma entidade privada e sem fins lucrativos responsável pela elaboração das normas no Brasil. Demonstramos que o padrão facilita a vida dos cidadãos, reduz custos e aumenta a competitividade, principalmente a internacional.

Por fim, relatamos, em linhas gerais, o surgimento da ISO e destacamos a importância do SGQ, o qual está contemplado na Norma ISO 9001, assunto que detalharemos nos próximos capítulos.

Questões para revisão

1. Muitos gestores só atentam para o sistema de qualidade quando as vendas diminuem ou uma crise já está instalada. Porém, alguns sinais podem servir de alerta para o gestor implantar ações antes que a situação se torne mais crítica. Cite quatro sinais de que as coisas não estão bem e o gestor precisa agir.

2. Para implementar uma melhoria, iniciar um projeto, realizar uma mudança significativa, implementar um SGQ, buscar uma certificação, entre outros objetivos, uma empresa sempre precisa escolher ou criar uma estratégia. Duas estratégias têm sido amplamente utilizadas: a *top-down* e a *bottom-up*. Quais são as diferenças entre elas?

3. Considere o excerto:

    Qualidade sempre foi importante. Mas parece mais essencial em épocas de crise. Talvez porque, nos períodos de turbulência econômica, valores, procedimentos, políticas, estratégias – enfim tudo o que sempre guiou as ações da organização – começaram a ser drasticamente questionados. Ou, no limite, a dar errado. (Paladini, 2009, p. 2)

    Avalie as sentenças a seguir, que se referem a entendimentos do gestor para evitar as situações citadas pelo autor no texto. Marque V para verdadeiro ou F para falso.

    ( ) A qualidade acontece de maneira sistêmica na organização.
    ( ) A reclamação do cliente faz parte do processo e dispensa mudanças.
    ( ) É preciso cuidar da qualidade da fase da concepção até o pós-venda.
    ( ) O cuidado com a qualidade finda com a entrega do produto ao cliente.

Agora, assinale a alternativa que apresenta a sequência correta:

a) V, V, F, F.
b) F, F, V, V.
c) F, V, F, V.
d) V, F, V, F.
e) V, F, F, V.

4. Um dos diferenciais competitivos que uma empresa pode obter é normalizar seus produtos conforme as normas internacionais para que possa comercializá-los no mercado global. Isso ajuda a manter os negócios em andamento, pois sua área de atuação é bem mais ampla do que a da concorrência. Diante desse contexto, as empresas consideram benefícios da normalização:

I. produtos aceitos em todos os países;
II. economia com matéria-prima no processo produtivo;
III. redução dos custos com as propagandas dos produtos;
IV. maior visibilidade por parte dos clientes internacionais.

Estão corretos apenas os itens:

a) I e II.
b) I e III.
c) II e IV.
d) III e IV.
e) I, II e III.

5. A respeito dos modelos de gestão que promovem a qualidade, avalie as sentenças a seguir e assinale aquela que descreve corretamente o SGQ:

a) Prega a necessidade de buscar a excelência como modelo de gestão.
b) Busca nivelar o desempenho operacional e fomentar as boas práticas das empresas que atuam globalmente.

c) Foi criado no Japão e tem como propósito controlar a qualidade de ponta a ponta e implementar melhorias contínuas.
d) Também conhecido como *sistema enxuto*, tem como objetivos a eliminação dos desperdícios e a busca da perfeição.
e) Consiste em um conjunto de recursos organizados de forma a suportar a estratégia da empresa e entregar valor às partes interessadas.

Questões para reflexão

1. Em se tratando de qualidade, os clientes estão cada vez mais críticos perante os produtos e os serviços, uma vez que há concorrência para tudo. Até certo ponto, isso é verdade, mas os avisos relativamente frequentes de *recall* nas mídias e as filas para o atendimento de serviços revelam que essas exigências não têm, necessariamente, sido atendidas. Analise suas experiências com produtos e serviços de qualidade e sem qualidade: elas foram majoritariamente bem-sucedidas ou frustradas?

2. Você já pensou na importância da padronização? Leia a parábola a seguir e, depois, faça o que se pede:

   Imagine uma pequena tribo ou aldeia no passado: a alimentação básica era o peixe. Pescava-se de alguma forma até que alguém testou uma rede feita de cipós e pegou uma quantidade maior de peixes com menor trabalho. Evidentemente que os outros habitantes da aldeia, tendo em vista os resultados obtidos, passaram a utilizar a rede como método de pesca. Estava assim padronizado o método de pescar com rede. Mais tarde, alguém julgou que seria melhor utilizar fios de juta do que cipó para fazer a rede. Tentou e isso resultou numa maior quantidade de peixes com menor trabalho. Os outros imediatamente adotaram a ideia (padronizaram)". (Campos, 2014, p. 25)

a) Reflita sobre a importância da padronização nas diversas atividades cotidianas.
b) Analise se você utiliza padrões para realizar suas atividades profissionais e pessoais.

2

Auditorias

Conteúdos do capítulo:

- Auditorias.
- Classificações de auditoria.
- Órgãos certificadores e acreditadores.
- Norma ISO 9001.

Após o estudo deste capítulo, você será capaz de:

1. conceituar auditoria;
2. identificar as classificações de auditoria;
3. diferenciar órgãos certificadores e acreditadores;
4. entender a Norma ISO 9001.

Compreendido o contexto do Sistema de Gestão da Qualidade (SGQ), passaremos a discorrer sobre as auditorias, tema deste livro. Inicialmente, apresentaremos algumas definições e classificações. Em seguida, especificaremos o papel dos órgãos certificadores e acreditadores. Por fim, examinaremos de forma simplificada os requisitos da Norma ISO 9001, sua aplicação e seus requisitos, assumindo a ótica do auditor.

2.1
Conceito de auditoria

Conforme a Norma ISO 19011, em sua versão de 2018, auditoria é um "processo sistemático, independente e documentado para obter evidência objetiva e avaliá-la objetivamente, para determinar a extensão na qual os critérios de auditoria são atendidos" (ABNT, 2018b, p. 1).

Maffei (2015, p. 2) explica que "o termo auditoria vem do latim *audire* (ouvir), o que já denota em sua origem os profissionais que buscavam chegar a conclusões inquirindo e reunindo informações". Já para Silva (2018, p. 13-14), "auditoria é um processo planejado e sistêmico executado de acordo com listas de verificação ou procedimentos indicando itens específicos a serem examinados e o método de investigação".

A descrição bem evidencia o papel da auditoria como ferramenta de melhoria contínua: processo sistemático, planejado, objetivo, em que se utiliza um método e se ouvem os envolvidos.

A importância da realização de auditorias cresceu com o desenvolvimento organizacional e o aumento da complexidade dos processos que foram criados para produzir bens e serviços cada vez mais sofisticados. Quando a produção era artesanal, o artesão fechava o negócio, obtinha a matéria-prima, produzia e liberava o produto para o cliente, isto é, ele mesmo garantia a qualidade da produção. No entanto, com o passar do tempo, as empresas se modernizaram e profissionalizaram a gestão dos processos, distribuindo as tarefas entre diversas áreas. Com isso, garantir a qualidade de ponta a ponta tornou-se um desafio, e um dos recursos utilizados para ampliar a certeza de que todos os envolvidos estavam seguindo os padrões estabelecidos foi a implantação dos sistemas de auditoria.

Segundo Silva (2018), na atualidade, as auditorias são verdadeiras ferramentas de gestão, auxiliando no monitoramento da eficácia do SGQ, dos processos internos e da cadeia de fornecedores. Souza (2019) declara que as auditorias (pelo menos no modelo que conhecemos hoje) foram estabelecidas, num primeiro momento, pelas empresas multinacionais, as quais passaram a manter subsidiárias em outros países. Como a alta direção não poderia estar presente o tempo todo em todas as plantas, reconheceu-se a necessidade de um mecanismo de controle e monitoramento das atividades econômico-financeiras das filiais. Isso para que pudessem tanto prestar contas aos investidores quanto evitar fraudes nas filiais, ou seja, nessa fase, as auditorias estavam voltadas para as atividades financeiras e contábeis.

Na atualidade, as auditorias podem ser realizadas em diferentes contextos, áreas e tipos de organizações. Assim, é possível implementar um sistema de auditoria em órgãos públicos, empresas privadas, prestadoras de serviços, plataformas de negociações, *softwares*, organizações não governamentais (ONGs), fundações, institutos, organizações da sociedade civil de interesse público (Oscips), instituições financeiras públicas ou privadas, instituições de ensino públicas ou privadas, entre outros. Entretanto, nesta obra, terão centralidade as auditorias da qualidade, que são realizadas para atestar conformidades de processos, produtos e gestão, o que faz muito sentido, já que parte dos objetivos das auditorias é manter o cumprimento dos padrões e o atendimento aos requisitos estabelecidos.

As auditorias da qualidade servem a objetivos como: buscar conformidades nos processos internos da organização; monitorar se os requisitos da norma em que a empresa é certificada têm sido mantidos; acompanhar se a empresa tem entregado aquilo que promete ao cliente no que se refere a qualidade e suporte; identificar, em tempo de correção, possíveis desvios nos processos de produção e atendimento ao cliente; monitorar se a empresa mantém seus processos em melhoria contínua; e fomentar a criação da cultura da qualidade na organização.

2.2
Classificação das auditorias

As auditorias podem apresentar diferentes classificações: quanto a sua aplicação – adequação de sistema, conformidade, processo, produto/serviço; quanto às partes interessadas – primeira, segunda e terceira parte; quanto à relação com o sistema – extrínseca e intrínseca (Silva, 2018). Descreveremos a seguir cada caso.

2.2.1 Quanto a sua aplicação

Auditorias de adequação de sistema

Esse tipo de auditoria ocorre comumente no sistema de gestão. Quando as empresas pleiteiam uma certificação (normas ISO 9001, 14001, 27001, 45001), é necessário que ocorram auditorias prévias para avaliar se o sistema de gestão implementado está robusto, ou seja, se os processos estão sendo realizados conforme os requisitos da norma. Nesse tipo de auditoria, buscam-se evidências práticas, ou seja, verificações em documentos, sistemas informatizados, fluxos, procedimentos, além de diálogo dos auditores com os auditados. Caso a organização tenha mais que uma certificação, as auditorias são realizadas de forma integrada, contemplando quantas normas a empresa tiver. Nesse caso, o sistema se chamará Sistema de Gestão Integrada (SGI).

Auditoria de conformidade

Após a certificação, entra em cena a auditoria de conformidade, a qual tem como objetivo garantir que todos na organização compreendam a importância da nova condição da empresa e mantenham os padrões que foram estabelecidos. Outra tarefa executada nesse tipo de auditoria é aquela em que se verifica se a empresa segue alguma diretriz internacional específica, como o International Financial Reporting Standards (IFRS) – uma normatização para os balanços contábeis que permite sua interpretação em diversos países.

Auditorias de processo

As auditorias da qualidade do processo se prestam a avaliar processos de ponta a ponta, para, por exemplo, atestar se um produto está sendo produzido isento de falhas do início ao fim do processo. Esse tipo de auditoria considera os recursos de entrada, os processos realizados e as entregas a serem efetuadas. Busca identificar se os processos são gerenciados de forma eficiente e se os colaboradores compreendem os impactos das ações e decisões no contexto.

As auditorias de processo também são baseadas nos requisitos das normas específicas e confrontadas com as evidências dos procedimentos realizados e os mecanismos utilizados, como: Instruções de Trabalho (IT), Procedimento Operacional Padrão (POP), fluxogramas, desenhos técnicos, especificações técnicas e outras ferramentas de apoio.

Auditorias de produto/serviço

Visam identificar se os produtos manufaturados e os serviços prestados ao cliente estão em conformidade com as especificações determinadas. Segundo Silva (2018, p. 29), essa categoria é direcionada "para adequação ao uso e serve para avaliar a eficácia da inspeção, na medida em que avalia a qualidade do produto/serviço pronto".

É também uma análise sistêmica e organizada para aferir a conformidade com os requisitos preestabelecidos pelo cliente, como a entrega de uma obra de engenharia civil (construções em geral) ou a construção de uma máquina ou equipamento sob encomenda.

2.2.2 Quanto às partes interessadas

Auditoria de primeira parte

Também podem ser chamadas de *auditorias internas*, porque são realizadas por colaboradores da organização. Silva e Lobo (2014) explicam que elas começaram a ser utilizadas depois do final da Segunda Guerra Mundial, pois inúmeras indústrias necessitavam reconstruir seus parques fabris e, para isso, criaram diversas estratégias de gestão eficientes. Além disso, como muitas empresas que atualmente são bem-sucedidas no mundo foram criadas no período pós-guerra, acredita-se que o conceito de auditoria interna tenha sido idealizado como suporte a essas estratégias.

Na atualidade, as auditorias de primeira parte servem aos propósitos de identificar pontos de melhoria, eliminar desperdícios, conhecer os riscos dos processos e verificar conformidades entre os requisitos das normas e o que é realizado na organização. Buscam também detectar se o SGQ ou o SGI está sendo gerenciado eficientemente e se a qualidade dos produtos e serviços tem ajudado a empresa a atingir seus objetivos perante as partes interessadas.

Uma empresa que pretende se certificar nas normas da International Organization for Standardization (ISO), por exemplo, precisa formar uma equipe de auditores internos que, na prática, serão os multiplicadores da cultura da qualidade. Por meio dos apontamentos das auditorias internas, torna-se possível identificar se os requisitos das normas estão sendo atendidos ou não, tendo em vista a melhoria contínua do processo. A ISO 9001 expressa em seu Requisito 9.2.1 que

> A organização deve conduzir auditorias internas a intervalos planejados para prover informação sobre se o sistema de gestão da qualidade:
> a) está conforme com:
> (1) os requisitos da própria organização para o seu sistema da qualidade;
> (2) os requisitos desta Norma;
> b) está implementado e mantido eficazmente. (ABNT, 2015a, p. 20)

A norma ainda detalha no Requisito 9.2.2 como a organização deve proceder à auditoria interna, conforme demonstrado nos itens a seguir:

> a) planejar, estabelecer, implementar e manter um programa de auditoria, incluindo frequência, métodos, responsabilidades, requisitos para planejar e para relatar, o que deve levar em

consideração a importância dos processos concernentes, as mudanças que afetam a organização e os resultados de auditorias anteriores;
b) definir os critérios de auditoria e o escopo para cada auditoria;
c) selecionar auditores e conduzir auditorias para assegurar a objetividade e a imparcialidade do processo de auditoria;
d) assegurar que os resultados das auditorias sejam relatados para a gerência pertinente;
e) executar correção e ações corretivas apropriadas sem demora indevida;
f) reter informação documentada como evidência da implementação do programa de auditoria e dos resultados de auditoria.

O Requisito 9.2.2 da norma indica que a auditoria interna é um importante mecanismo para a manutenção do atendimento aos requisitos da norma e, consequentemente, para os padrões preestabelecidos.

Auditoria de segunda parte

Esse tipo de auditoria é comum em empresas que gerenciam uma cadeia de fornecedores, ou seja, empresas clientes que auditam os fornecedores. Esse é um processo de extrema importância para minimizar os riscos de empresas clientes sofrerem desabastecimento de fornecedores não comprometidos com o negócio ou de serem envolvidas em fraudes por empresas oportunistas ou em escândalos de fornecedores que utilizam trabalho infantil, trabalho escravo ou impõem condições de trabalho inadequadas a seus colaboradores.

A realização de uma auditoria de segunda parte permite à empresa cliente conhecer as instalações da empresa fornecedora, verificar as condições de trabalho e atestar capacidade técnica e produtiva, além do uso de políticas ambientais adequadas, para não impactar negativamente o meio ambiente. Isso é importante porque uma empresa que é dona da cadeia de suprimentos, chamada *empresa focal* (como as empresas automobilísticas, os grandes hipermercados e as grandes redes varejistas), não pode correr o risco de interromper suas linhas de produção ou ter uma ruptura no estoque de produto para venda por falha do fornecedor. Assim, as auditorias de segunda parte são valiosas para atestar que a empresa cliente está construindo uma aliança com a empresa fornecedora.

Silva (2018, p. 31) explica que "o objetivo dessas auditorias é avaliar se o sistema de gestão ou processos utilizados pela organização fornecedora atendem aos requisitos das normas implantadas e/ou as necessidades da organização cliente". Muitos outros objetivos são determinados pelas organizações, dependendo do segmento, e as auditorias são realizadas tanto por uma equipe capacitada da empresa cliente quanto por uma equipe contratada para essa atividade. Quando a empresa cliente contrata uma empresa especializada, a auditoria de segunda parte também se enquadra como extrínseca, tipologia que será abordada mais adiante.

Auditoria de terceira parte

É também chamada de *auditoria externa* ou *independente* e é condição exigida para que uma empresa obtenha a certificação, principalmente as da ISO, entre tantas outras aplicações. Segundo Silva e Lobo (2014, p. 114), "é realizada por uma terceira parte neutra, como uma empresa profissional que se especializa no procedimento auditado". Embora setores como contabilidade, financeiro, recursos humanos, projetos, engenharia, pesquisa e desenvolvimento, principalmente nas áreas de saúde, educação, compras públicas e privadas, gestão de contratos, entre outras, sejam comumente auditados, esta obra está centrada na auditoria externa da qualidade.

Uma auditoria de terceira parte (externa) da qualidade tem de ser realizada sempre que uma empresa deseja obter uma certificação ou, já estando certificada, precisa renová-la. Nesses casos, ocorrem as auditorias de manutenção e de recertificação (para manter o certificado).

No caso da auditoria para certificação, todos os processos que fazem parte do escopo da certificação são auditados, sendo todos os documentos, registros e evidências verificados. Os auditores externos são experientes nesses quesitos e realizam uma auditoria bastante criteriosa, uma vez que, se tudo ocorrer conforme o esperado, a empresa será recomendada para receber a certificação. O auditor externo, além de ser qualificado, é independente e credenciado pelo Instituto Nacional de Metrologia, Qualidade e Tecnologia (Inmetro) para atuar como tal.

Se o interesse for a manutenção do certificado, as auditorias de terceira parte devem ser executadas em períodos regulares, de acordo com o programa de auditoria da empresa certificada. Nesse caso, o intuito é avaliar se a empresa está realizando uma boa gestão da rotina e se todo o esforço empenhado para a certificação está sendo mantido. É comum que algumas auditorias de manutenção sejam amostrais – isto é, apenas alguns processos são auditados –, e isso é determinado pelo auditor, não pela empresa auditada. Caso alguma oportunidade de melhoria (a expressão antiga era *não conformidade*) tenha sido identificada em algum processo na auditoria anterior, invariavelmente este será revisitado pelo auditor na auditoria subsequente.

A oportunidade de melhoria (não conformidade) é levada a sério pelas organizações auditadas e pelos auditores. Quanto a esse aspecto, Silva e Lobo (2014, p. 114) salientam que

> Quando uma imprecisão é revelada por uma auditoria independente, é dirigida pelos auditores no relatório final feito para a empresa, e a questão deve ser reparada por ela, com a maior brevidade. Se os erros não podem ser corrigidos, pois a empresa não tem os recursos para enfrentá-los, ela pode enfrentar um processo de perda de sua certificação no escopo da auditoria feita, e receberá um prazo que esteja novamente conforme.

Obter uma certificação demanda tempo e recurso financeiro da empresa. Diante disso, Silva e Lobo (2014) alertam para o risco de perdê-la, caso sejam detectados nas auditorias de terceira parte (contratadas) pontos que evidenciem risco de colapso para o SGQ da empresa auditada.

2.2.3 Quanto à relação com o sistema

Auditoria extrínseca

É utilizada por organizações clientes que desejam auditar seus fornecedores (atuais ou futuros) e, para isso, contratam uma empresa especializada no intuito de ter uma visão externa e neutra sobre o processo adotado pela empresa em questão. Caso a empresa cliente enfrente algum processo judicial em razão de alguma atuação inadequada do fornecedor, para fins de fiscalização, um relatório de auditoria realizado por uma empresa independente pode servir como prova de que a contratante tomou os devidos cuidados. Isso significa dizer que uma auditoria extrínseca não garante que a empresa não tenha problemas com seus fornecedores, mas certamente minora os riscos.

Recorre-se também a uma auditoria extrínseca quando uma empresa pretende adquirir outra. Para conhecer com mais acurácia as condições dos processos internos da empresa a ser adquirida, a possível compradora contrata uma empresa especializada (nacional ou internacional) para uma avaliação pautada em princípios de auditoria. Esse tema é mais discutido em fusões e aquisições, mas o conceito de auditoria extrínseca é similar.

Auditoria intrínseca

Esse tipo de auditoria é comum em empresas que contam com subsidiárias, franquias, filiais e afins, no país ou no exterior. Na prática, esse foi o início dos processos de auditorias nas organizações. A matriz solicita um trabalho de auditoria para verificar como está a gestão dos processos da matriz e das demais empresas do grupo. Esse trabalho pode ser realizado por uma equipe de auditores pertencentes ao grupo (isso é bem comum em redes de lojas) ou por uma terceirizada. O termo *intrínseco*, nesse caso, refere-se ao fato de a avaliação ser aplicada aos processos internos da empresa, tal como ocorre em uma auditoria interna e de primeira parte.

2.3
Órgãos certificadores e acreditadores

Para facilitar o entendimento do papel dos órgãos certificadores e acreditadores, utilizaremos um exemplo prático: uma empresa metalúrgica deseja se certificar pela ISO 9001. Para isso, montou uma equipe de colaboradores internos, os quais foram capacitados para implementar o SGQ. A equipe se mobilizou e, junto aos demais colaboradores, mapeou e adequou processos, criou uma equipe de auditores internos, definiu procedimentos, fluxogramas, ITs, capacitou todos conforme as novas diretrizes, enfim, fez uma verdadeira revolução na empresa e implementou o SGQ. Logo, chegou o momento em que a equipe que capitaneou todo esse esforço concluiu que estava na hora de contratar um órgão certificador para realizar a auditoria de terceira parte. O órgão certificador faria a análise e, caso considerasse que a metalúrgica estava apta, recomendaria e expediria o certificado. A equipe da metalúrgica contratou a empresa Alfa, que é um órgão certificador, para realizar a auditoria de terceira parte. No entanto, a Alfa precisa ter permissão para realizar a auditoria de terceira parte, indicar e emitir o certificado para a metalúrgica. E como saber se a Alfa pode fazer isso? É preciso assegurar que a Alfa passou pelo crivo de um órgão acreditador, ao qual compete atestar que estão sendo cumpridos os requisitos exigidos para ser uma certificadora. No Brasil, esse papel de acreditador cabe ao Inmetro.

Esse exemplo evidencia que um órgão certificador é uma empresa que precisa cumprir certos requisitos e ser credenciado ao Inmetro como Organismo de Avaliação de Conformidade (OAC). Depois de receber a liberação por parte do Inmetro, ela se torna um organismo capacitado a emitir certificações para empresas que implementam as normas e cumprem os requisitos exigidos, como a ISO.

Retomando o exemplo, devemos observar que, para prestar o serviço para a metalúrgica, a Alfa precisa, no mínimo, ser também (além de um OAC) um Organismo de Certificação de Sistema de Gestão da Qualidade (OCS), uma vez que este é um requisito para se emitir um certificado ISO 9001. Caso a certificação ISO 14001 fosse a almejada, a Alfa teria de ser um Órgão Certificador de Sistema de Gestão Ambiental (OCA); caso fosse uma certificação de Saúde e Segurança do Trabalho (SST), a empresa precisaria ser um Órgão Certificador de Sistemas de Gestão de Saúde e Segurança Ocupacional (OSS), havendo outras possibilidades. Isso significa dizer que um órgão certificador ou empresa certificadora pode atuar tão somente no escopo para o qual ela foi acreditada pelo Inmetro (Inmetro, 2022b).

E como uma empresa se torna um organismo certificador? Ela precisa ser acreditada pelo Inmetro, instituição que adota o seguinte entendimento:

> Acreditação é o reconhecimento formal da competência dos Organismos de Avaliação da Conformidade (OAC) para atenderem requisitos previamente definidos e realizar suas atividades com confiança. É uma ferramenta estabelecida em escala internacional para gerar confiança na atuação das organizações. A Coordenação Geral de Acreditação do Inmetro (Cgcre) é o único organismo de acreditação reconhecido pelo Governo Brasileiro para acreditar Organismos de Avaliação da Conformidade. (Inmetro, 2022a)

O Inmetro disponibiliza em seu *site* um Manual de Qualidade da Coordenação Geral de Acreditação (CGCRE) para que as empresas que almejam se tornar um OAC saibam o caminho a trilhar. As empresas que pretendem tornar-se um organismo certificador também podem ser acreditadas por um órgão internacional que seja equivalente ao Inmetro e signatário de acordos internacionais de reconhecimento, entre eles:

- International Laboratory Accreditation Cooperation (ILAC);
- Interamerican Accreditation Cooperation (IAAC);
- International Accreditation Forum (IAF);
- American Aerospace Quality Group (AAQG);
- Program for the Endorsement of Forest Certification Schemes (PEFC);
- The Global Partnership for Good Agricultural Practice (Globalgap);
- Environmental Protection Agency (EPA).

O Inmetro é responsável pela acreditação de OACs. Para organizar melhor as atividades, elas foram divididas em:

- **Divisão de Acreditação de Organismo de Certificação (Dicor)** – Realiza as atividades para reconhecer a competência técnica dos organismos de avaliação da conformidade que executam certificações de produtos, sistemas de gestão, pessoas, processos e serviços (Chiroli, 2016). Os critérios adotados pela CGCRE para a acreditação desses organismos são baseados na ABNT NBR ISO/IEC 17021-1 e suas interpretações pelo IAF e IAAC.
- **Divisão de Acreditação de Laboratórios (Dicla)** – Realiza atividades relacionadas à concessão e à manutenção da acreditação, de acordo com os requisitos da norma ABNT NBR ISO/IEC 17025 (Chiroli, 2016).

Portanto, a ISO, como organização internacional, não propriamente expede certificações para as empresas que implementam suas normas, mas concede aos OCSs o direito de emitir certificados, porque esses organismos se capacitam para realizar as auditorias de terceira parte, seja de certificação e recertificação, seja de manutenção. As empresas que visam ser organismos certificadores cumprem um extenso trabalho de adequação de suas atividades e precisam ser acreditadas por um órgão responsável no país ou no exterior, que, no Brasil, é o Inmetro, conforme temos reiterado.

Chiroli (2016, p. 194) explica que as organizações que pleiteiam a acreditação no Inmetro recebem, num primeiro momento, o título provisório de organismo acreditado. Para que sejam acreditadas definitivamente, recebem capacitações específicas para: realizar auditorias imparciais nas empresas que desejam se certificar; desenvolver programas de auditorias (nesse caso, de terceira parte); elaborar listas de verificações de requisitos pertinentes ao escopo da norma que será auditada; organizar provas; compreender a abordagem de processo a ser utilizada nas auditorias; gerar relatórios consistentes de auditorias, entre outros.

Na Figura 2.1, detalhamos o fluxo do processo de acreditação.

Figura 2.1 – Processos de acreditação

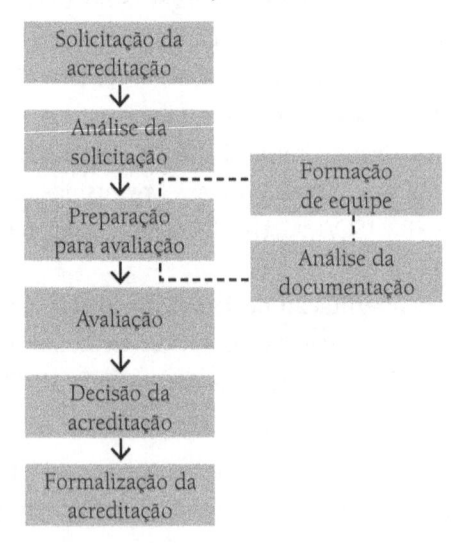

Fonte: Inmetro, 2022a.

Esses são apenas alguns detalhes que envolvem os organismos certificadores e acreditadores, os quais realizam um trabalho de extrema seriedade e que demanda alta credibilidade. Por essa razão, uma empresa que se tornou um organismo certificador está apta a realizar auditorias de terceira parte, tanto de certificação quanto de manutenção, e expedir certificados com representatividade internacional.

2.4
Norma ISO 9001

A Norma ISO 9001 faz parte de um conjunto de normas composto por:

- **ISO 9000: Sistemas de gestão da qualidade – Fundamentos e vocabulário** – Embora não seja certificável, essa norma é essencial para que todos compreendam as diretrizes das normas certificáveis, servindo como um guia informativo.
- **ISO 9001: Sistemas de gestão da qualidade – Requisitos** – Essa norma, sim, é certificável e arrola requisitos que precisam ser atendidos para que a empresa esteja apta a ser certificada por um organismo certificador.
- **ISO 9004: Sistemas de gestão da qualidade – Diretrizes para melhorias de desempenho** – Também não é certificável, mas de conhecimento altamente recomendável aos colaboradores das empresas que pleiteiam uma certificação. Ela é relevante porque aborda elementos essenciais que impactam a qualidade de produtos e serviços, bem como a satisfação dos clientes e, por consequência, a *performance* da empresa.
- **ISO 19011 – Diretrizes para auditoria de sistema de gestão** – Essa norma é a base para a formação de auditores (principalmente internos) e será apresentada em capítulo específico.

Como o tema central desta obra são as auditorias da qualidade, trataremos aqui da Norma ISO 9001, a qual é passível de ser auditada. É preciso ficar claro que a certificação na Norma ISO 9001 não é obrigatória, o que significa que as empresas que optam por se certificar tomaram uma decisão estratégica e certamente esperam algum retorno quantificável.

A Norma ISO 9001 tem sido amplamente utilizada pelas organizações e tem evoluído para acompanhar as mudanças impostas pelo avanço da tecnologia e inovação em produtos, serviços e processos. Na Figura 2.2, mostramos a evolução da norma, indicando o mote de cada versão, de acordo com o contexto específico.

Figura 2.2 – Linha do tempo das atualizações da ISO 9001

1987	1994	2000	2008	2015
Procedimentos	Ação preventiva	Abordagem por processo e PDCA	Abordagem por processo e PDCA	Gestão de riscos e oportunidades

Fonte: Elaborado com base em Araújo; Barbosa, 2019, p. 49-50.

De maneira simplificada, a primeira versão da norma (1987) estava voltada para a definição e o cumprimento dos procedimentos, visando garantir a qualidade dos produtos. Na versão de 1994, embora não tenham sido feitas grandes mudanças, o objetivo central passou a ser as ações preventivas, considerando-se um investimento na qualidade na fase de concepção e produção do produto, com vistas a reduzir os custos de correção.

Na revisão de 2000, por sua vez, as mudanças foram mais substanciais e concentraram-se na disseminação da importância da gestão por processos, os quais ocorrem na horizontal, e a qualidade do processo precisa ocorrer de ponta a ponta. A implementação da gestão por processos nas organizações rendeu importantes modificações naquelas que os entenderam como um novo modelo de gestão. Além disso, nessa versão, ficou estabelecido o ciclo PDCA (*Plan, Do, Check, Act*, ou seja, planejar, fazer, verificar e agir), também conhecido como *ciclo de Deming*, como ferramenta de análise dos processos da organização e implementação do SGQ.

Em 2008, notou-se a necessidade de manter a atenção na abordagem por processo, uma vez que muitas empresas já certificadas e outras que buscavam a certificação ainda não tinham implementado esse novo modelo de gestão. Na prática, na atualidade, muitas empresas ainda não atingiram esse objetivo; isso ocorre porque alternar modelos antigos de gestão com ênfase na cadeia de comando (vertical) para o modelo horizontalizado da gestão por processos encontra obstáculos nas empresas brasileiras.

A versão de 2015, por fim, apresentou mudanças mais expressivas: a sinalização de que as empresas precisam conhecer os riscos do negócio e trabalhar com abordagem de eliminação ou mitigação; e a padronização da estrutura da Norma ISO 9001, o que permitiu sua integração com outras normas e facilitou a implantação do SGI em empresas que necessitam ou desejam certificar com a ISO 14001 ou 45001, por exemplo. Isso se fez necessário diante de novidades como a Lei Geral de Proteção de Dados (LGPD), o *compliance* e as questões voltadas ao meio ambiente e ao retorno à sociedade.

A Figura 2.3 (que repete a Figura 1.8) mostra a aplicação do ciclo PDCA à versão 2015 da Norma ISO 9001.

Figura 2.3 – Representação da estrutura da Norma ISO 9001 no ciclo PDCA

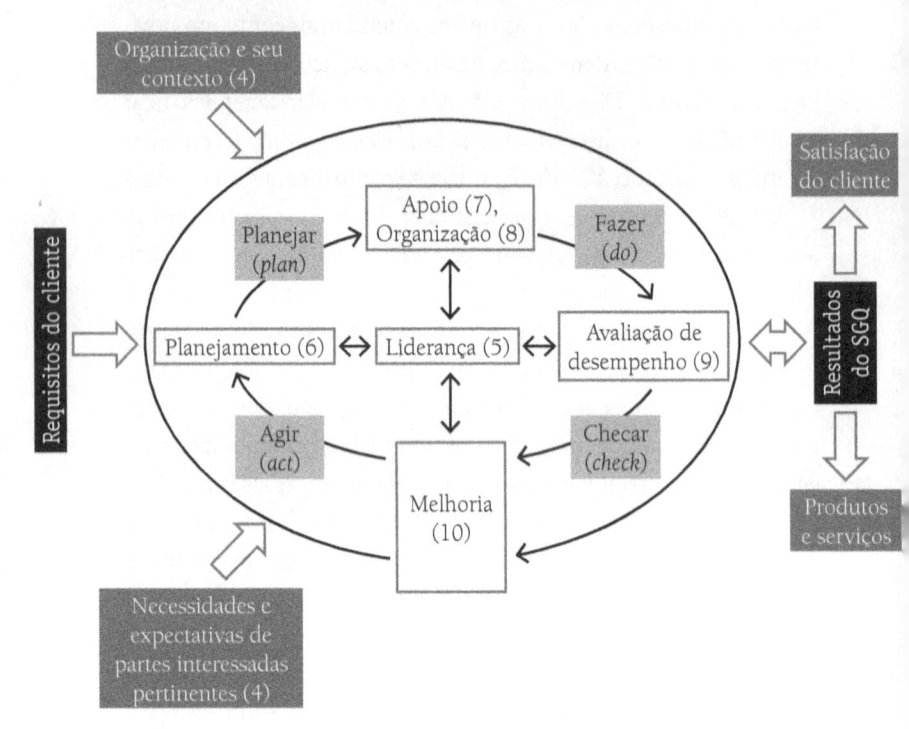

[Diagrama: Organização e seu contexto (4) → ciclo PDCA contendo Planejar (plan), Apoio (7), Organização (8), Fazer (do), Planejamento (6) ↔ Liderança (5) ↔ Avaliação de desempenho (9), Agir (act), Checar (check), Melhoria (10). Entradas: Requisitos do cliente, Necessidades e expectativas de partes interessadas pertinentes (4). Saídas: Satisfação do cliente, Resultados do SGQ, Produtos e serviços. Lateral: Auditorias.]

Fonte: ABNT, 2015a, p. 10.

Essa figura foi adaptada para as normas que já estão preparadas para a integração, como aquelas que serão apresentadas nesta obra: 9001, 14001, 45001 e IATF 16949, com pequenas alterações, para contemplar o foco das normas.

A Norma ISO 9001 (ABNT, 2015a, p. 8) se estrutura em sete princípios da gestão da qualidade, que têm como propósito ajudar os gestores dos processos a implementar uma cultura de qualidade na organização, quais sejam:

1. Foco no cliente
2. Liderança

3. Engajamento das pessoas
4. Abordagem de processo
5. Melhoria
6. Tomada de decisão baseada em evidência
7. Gestão do relacionamento

Os gestores de uma organização certificada pela ISO 9001 têm de ter clareza de que os princípios da gestão da qualidade, conforme apresentado, norteiam a implementação de um SGQ robusto, uma vez que a norma está estruturada para atendê-los.

Os requisitos da norma foram concebidos para que o gestor perceba que o intuito primeiro de um SGQ é atender ao cliente segundo os requisitos que ele considera importantes para o produto ou serviço. Para que o SGQ se mantenha ativo, apesar da rotina, a liderança tem um papel preponderante, principalmente na tarefa de engajar as pessoas que integram a estrutura organizacional.

A abordagem por processo proporciona a agilidade de que a empresa necessita para atender ao cliente com rapidez e qualidade e, ainda, facilita a identificação dos pontos de melhoria. A tomada de decisão fundamentada em evidências, ou seja, em fatos e dados, reduz o juízo de valor, aumentando a objetividade. Por fim, a gestão do relacionamento promove alianças com clientes e fornecedores, fortalecendo a imagem da empresa no mercado.

Para os auditores, os princípios de gestão propostos pela ISO são o ponto de partida para a busca de evidências nos processos auditados. Por essa razão, especificaremos a estrutura da Norma ISO 9001, em sua versão de 2015, que está composta da seguinte forma: dez cláusulas, que representam a estrutura do Anexo *High Structure Level* (Estrutura de Alto Nível) dividido em capítulos, além dos anexos, conforme detalhamos na Figura 2.4.

Figura 2.4 – Estrutura dos capítulos da Norma ISO 9001

Capítulos 1 a 3	Capítulos 4 a 6	Capítulos 7 a 10	Anexos
1. Escopo 2. Referência normativa 3. Termos e definições	4. Contexto da organização 5. Liderança 6. Planejamento	7. Apoio 8. Operação 9. Avaliação de desempenho 10. Melhoria	A – De 1 a 8 B – Outras normas da qualidade

Fonte: Elaborado com base em ABNT, 2015a.

Os capítulos 1, 2 e 3 reforçam a importância de se atender aos requisitos da norma em que a empresa busca se certificar ou já é certificada. Para fins de auditoria, do capítulo 4 até o 10, explica-se como o auditor realizará seu processo de análise. Avaliaremos alguns aspectos de cada capítulo, conforme os quadros que serão apresentados a seguir.

Quadro 2.1 – Capítulo 4 da Norma ISO 9001

Contexto da organização		Alguns pontos de reflexão para um auditor
4.1	Compreensão da organização e de seu contexto	• Será que a empresa tem bem clara sua matriz SWOT? Obs.: SWOT é sigla para os termos em inglês *strengths, weaknesses, opportunities, threats*). O equivalente em português é matriz Fofa (das iniciais das palavras "força", "oportunidades", "fraqueza" e "ameaças").
4.2	Identificação das necessidades e expectativas das partes interessadas	• A empresa conhece seus clientes? • Sabe quem ela afeta? E como afeta?
4.3	Determinação do escopo do sistema de gestão da qualidade	• Foi realizada uma análise crítica nos requisitos da norma? • Todos são aplicáveis no processo da empresa?

(continua)

(Quadro 2.1 – conclusão)

Contexto da organização		Alguns pontos de reflexão para um auditor
4.4	Sistema de gestão da qualidade	• Como está estruturado o SGQ? • Há evidências de que está robusto?
4.4.1	Melhoria do processo	• Os documentos e registros utilizados refletem a realidade do processo?
4.4.2	A organização deve...	• Há clareza nas entradas requeridas e na sequência dos processos? • Há evidências de melhoria no SGQ? • Os processos estão claramente controlados? • Há informação documentada e retida conforme solicita a norma?

FONTE: Elaborado com base em ABNT, 2015a, p. 1-3.

No capítulo 4, fica evidenciado que a empresa (na prática, seus gestores) precisa conhecer seu mercado, seus clientes e seus processos. Com base nisso, pode implementar e manter um SGQ compatível com sua realidade. A norma lista os requisitos; os gestores adéquam esses requisitos à realidade da empresa; e os auditores checam se há convergência entre esses elementos.

O capítulo 5 é dedicado ao tema da liderança. É preciso que os gestores de uma organização reconheçam que a qualidade é estabelecida no efeito *top-down*, ou seja, vem de cima para baixo, e que o exemplo parte deles. Analisando-se com criticidade, em uma empresa, os colaboradores das áreas operacionais fazem aquilo que é determinado que eles façam, ou seja, produzem conforme procedimentos previamente estabelecidos. Diante disso, o papel da liderança é mantê-los comprometidos (e manter-se comprometida também) para que a qualidade dos processos seja mantida, o que é alcançado com programas de educação continuada e apoio da liderança. A seguir, detalhamos alguns pontos do referido capítulo.

QUADRO 2.2 – Capítulo 5 da Norma ISO 9001

Liderança		Alguns pontos de reflexão para um auditor
5.1 5.1.1 5.1.2	Liderança e comprometimento Generalidades Foco no cliente	- Como a empresa evidencia que seus líderes estão comprometidos com a gestão da qualidade? - De que forma os líderes apoiam a integridade do cumprimento dos requisitos da norma? - Como os líderes asseguram o engajamento dos demais colaboradores? - Como é realizada a comunicação da importância da gestão da qualidade para os demais colaboradores? - Como a empresa evidencia que é orientada às necessidades do cliente? - Como está o fornecimento? Tem faltado estoque? - O retorno aos clientes é rápido? - O que tem sido feito para identificar o que o cliente deseja?
5.2 5.2.1 5.2.2	Política (da qualidade) Desenvolvendo a política Comunicando a política	- A alta direção determinou uma política da qualidade que representa a realidade da organização? - Contempla os valores importantes para a organização? - É do conhecimento de todos? - Como é possível evidenciar que os colaboradores reconhecem seu trabalho na política da qualidade? - Está à disposição de todos? - Está no *website* da organização?
5.3	Papéis, responsabilidades e autoridades organizacionais	- Como a empresa pode evidenciar que todos compreendem seu papel no contexto da qualidade? - Os colaboradores conseguem evidenciar que o SGQ está em conformidade com os requisitos da norma? - Todos conhecem suas responsabilidades? - Há matriz de competências, funções e cargos dos colaboradores?

FONTE: Elaborado com base em ABNT, 2015a, p. 3-5.

No capítulo 6, o assunto é o planejamento. Não é possível pensar em atendimento de qualidade e melhoria contínua sem planejar as ações a serem executadas. Afinal, planejar é antever e avaliar os recursos necessários para atender aos processos. Ainda nessa parte da norma, a abordagem de risco é associada ao planejamento, o que significa que a identificação e a avaliação dos riscos devem fazer parte da análise crítica da alta direção. Além disso, ações têm de ser planejadas para minimizar e, se possível, eliminar as causas das incertezas sobre o alcance dos objetivos do SGQ. Contudo, é preciso ter ciência de que um risco negativo em um momento pode se tornar, em outro, uma oportunidade de crescimento para a organização. No Quadro 2.3, especificamos alguns pontos de interesse.

QUADRO 2.3 – Capítulo 6 da Norma ISO 9001

Planejamento		Alguns pontos de reflexão para um auditor
6.1	Ações para abordar riscos e oportunidades	• Como a empresa evidencia a gestão de riscos?
6.1.1	Ao planejar o SGQ, a organização deve... considerar as questões dos requisitos 4.1 e 4.2	• É possível identificar se a matriz SWOT/Fofa também contemplou os riscos?
6.1.2	A organização deve planejar ações para abordar, integrar e implementar ações e avaliar sua eficácia	• A empresa tem um plano de ação para tratar os riscos identificados? • A empresa consegue evidenciar como identifica, analisa, avalia e trata os riscos?
6.2	Objetivos da qualidade e planejamento para alcançá-los	• Há informação documentada para monitorar e avaliar a eficácia das ações implementadas na gestão de riscos?
6.2.1	A organização deve estabelecer objetivos da qualidade nas funções, nos níveis e nos processos necessários para o sistema de gestão da qualidade	• A empresa utiliza ferramentas para priorizar os riscos? • É possível evidenciar se ações tomadas, no período analisado, neutralizam os riscos?
6.2.2	Ao planejar como alcançar seus objetivos da qualidade, a organização deve determinar: o que será feito; quais recursos serão requeridos; quem será o responsável; quando isso será concluído; e como os resultados serão avaliados	• Existe a análise para verificar se algum risco pode ser uma oportunidade para a empresa?

(continua)

(Quadro 2.3 – conclusão)

Planejamento		Alguns pontos de reflexão para um auditor
6.3	Planejamento de mudanças	• É possível evidenciar que as mudanças são planejadas na organização? • Há informação documentada para atestar se os impactos nos demais processos são avaliados em um momento de mudança? • Há evidências de que os recursos necessários foram contemplados? • É possível evidenciar as mudanças no processo?

Fonte: Elaborado com base em ABNT, 2015a, p. 5-6.

O planejamento é uma fase essencial para o gerenciamento de riscos nas organizações. Por isso, quando o auditor avaliar esse requisito da norma, pode checar se o planejamento contempla tais fases e como o gestor do processo consegue evidenciá-lo em sua rotina.

O capítulo 7 da norma trata do apoio necessário para que as operações ocorram dentro da normalidade na organização. Contém vários subcapítulos, contemplando todas as necessidades relativas a recursos físicos e tecnológicos, capital e profissionais capacitados para a execução das atividades. Enaltece a conscientização de todos sobre a importância do cumprimento dos requisitos da norma, não somente para atendê-la, mas também para atender às expectativas do cliente. O Quadro 2.4 reúne os requisitos da norma e algumas sugestões de pontos a serem avaliados pelo auditor.

QUADRO 2.4 – Capítulo 7 da Norma ISO 9001

Apoio		Alguns pontos de reflexão para um auditor
7.1 7.1.1 7.1.2 7.1.3 7.1.4 7.1.5 7.1.5.1 7.1.5.2 7.1.6	Recursos Generalidades Pessoas Infraestrutura Ambiente para a operação dos processos Recursos de monitoramento e medição Generalidades Rastreabilidade e medição Conhecimento organizacional	▪ É possível identificar a provisão dos recursos para atender aos processos? ▪ Os recursos são suficientes? ▪ O ambiente de operações (produção, atendimento ao cliente, área de vendas) está organizado de forma a privilegiar um processo otimizado? ▪ Os colaboradores consideram a infraestrutura adequada e suficiente para a realização de suas tarefas? ▪ Os sistemas informatizados atendem às necessidades do processo? ▪ Os equipamentos de metrologia para monitoramento e medição são suficientes? Estão calibrados? ▪ Os produtos produzidos são rastreáveis? ▪ Qual é o *know-how* da organização? ▪ O conhecimento da empresa é sistematizado? ▪ Há registro das lições aprendidas?
7.2	Competências	▪ Os colaboradores estão aptos a realizar suas atividades? ▪ Há informação documentada sobre a formação desses colaboradores? ▪ Os processos terceirizados são controlados? Há informação documentada? ▪ Há plano de qualificação contínua dos profissionais da empresa?
7.3	Conscientização	▪ É possível evidenciar que os colaboradores são conscientes da política da qualidade? ▪ Os colaboradores estão qualificados para realizar sua atividade? Estão conscientes dos riscos da atividade? ▪ O colaborador sabe qual será o impacto se deixar de fazer alguma tarefa?

(continua)

(Quadro 2.4 – conclusão)

Apoio		Alguns pontos de reflexão para um auditor
7.4	Comunicação	• É possível evidenciar como ocorre a comunicação sobre o SGQ? Que recursos são utilizados? (*site*, redes sociais, quadros de avisos dos setores, *e-mails*, jornais internos) • O que pode ser comunicado? • A LGPD é respeitada por todos? É possível evidenciar? • Qual é a periodicidade dessa comunicação? • Quem é o responsável pela comunicação com os públicos interno e externo?
7.5 7.5.1 7.5.2 7.5.3 7.5.3.1 7.5.3.2	Informação documentada Generalidades Criando e atualizando Controle de informação documentada Disponível onde e quando necessária Distribuição, recuperação, armazenagem, acesso, preservação, uso, controle de alterações, retenção e disposição	• A informação documentada segue um formato padrão? • Quem é responsável pela atualização e controle dos documentos? • A informação documentada está disponível? (se precisar de senha ou chave de acesso, não está disponível) • Qual é o período para o descarte dos documentos? Há legislação envolvida? Ou há um responsável para determinar esse período? • Existe um período para atualização? Quem é responsável? É o gestor do processo? Onde está a evidência? • Como a informação externa é tratada (rastreabilidade de produtos, manual de máquinas e equipamentos)?

Fonte: Elaborado com base em ABNT, 2015a, p. 7-11.

Observe que o capítulo 7 é longo e contempla vários requisitos da norma, visando dar o suporte necessário à empresa para tratar de temas como capacitação, conscientização e gestão dos documentos. Por isso, é um capítulo que especifica diversas checagens a serem feitas pelo auditor, para identificar conformidades e compreender como os processos lidam com esses requisitos.

No capítulo 8 da Norma ISO, o tema abordado é a operação, ou seja, como os processos são realizados na organização. Esse item é de extrema importância porque um planejamento eficiente da produção contempla a identificação dos requisitos do cliente, a análise da capacidade da empresa em atendê-los, bem como a avaliação dos ajustes e controles necessários para garantir produtos e serviços com a qualidade requerida pelo cliente. Elencamos no Quadro 2.5 os requisitos da norma referente ao capítulo citado e algumas possibilidades de reflexão para o auditor.

QUADRO 2.5 – Capítulo 8 da Norma ISO 9001

Operação		Alguns pontos de reflexão para um auditor
8.1	Planejamento e controle operacionais	▪ Como a empresa evidencia o planejamento de sua produção ou atendimento? ▪ Há análise crítica desse planejamento? ▪ Há evidência da análise de riscos desse processo? ▪ Como o cliente acessa o produto/serviço da empresa? ▪ Há catálogo no *site*? ▪ São realizadas visitas técnicas para discutir as dúvidas dos clientes em relação ao produto?
8.2 8.2.1 8.2.2 8.2.3 8.2.3.1 8.2.3.2 8.2.4	Requisitos para produtos e serviços Comunicação com o cliente Determinação de requisitos relativos a produtos e serviços Análise crítica de requisitos relativos a produtos e serviços A organização deve assegurar a própria capacidade de atender aos requisitos para produtos e serviços a serem oferecidos a clientes A organização deve reter informação documentada como aplicável sobre os resultados da análise crítica e quaisquer novos requisitos para os produtos e serviços Mudanças nos requisitos para produtos e serviços	▪ A empresa evidencia como identifica os requisitos do cliente? ▪ Quais são os critérios determinados para atender ao cliente? ▪ Como é a comunicação com o cliente? ▪ Há análise crítica da capacidade produtiva para aceitar um pedido? ▪ A empresa analisa se tem capacidade técnica para atender ao cliente? ▪ Os recursos tecnológicos são suficientes para atender ao cliente? ▪ Há controle do processo produtivo? ▪ A informação é retida conforme solicitado pela norma? ▪ Como as informações das mudanças solicitadas pelo cliente são documentadas?

(continua)

(Quadro 2.5 – continuação)

Operação		Alguns pontos de reflexão para um auditor
8.3 8.3.1 8.3.2 8.3.3 8.3.4 8.3.5 8.3.6	Projeto e desenvolvimento de produtos e serviços Generalidades Planejamento de projeto e desenvolvimento Entradas de projetos e desenvolvimento Controles de projeto e desenvolvimento Saídas de projeto e desenvolvimento Mudanças de projeto e desenvolvimento	▪ A empresa faz o projeto do produto ou apenas revende? ▪ Há evidências da documentação do projeto? ▪ Há legislação e normatização nesses projetos? ▪ Há evidência de informação documentada de entradas, processos e saídas dos projetos do cliente? ▪ É possível verificar os pontos de controle do projeto do produto e do serviço? ▪ As mudanças no projeto, solicitadas pelo cliente ou por necessidade do processo, são documentadas? Há evidências? Há rastreabilidade? ▪ É possível comprovar a atualização e a aprovação pelo cliente?
8.4 8.4.1 8.4.2 8.4.3	Controle de processo, produtos e serviços providos externamente Generalidades Tipos e extensão do controle Informação para provedores externos	▪ A empresa terceiriza parte de algum processo? ▪ Como essa terceirização é monitorada e controlada? ▪ O fornecedor também é certificado? ▪ O escopo do certificado está adequado ao produto ou serviço que ele entrega? ▪ Que tipo de informação é enviada para o provedor externo? ▪ Os desenhos técnicos, croquis, normas e especificações enviados aos provedores externos são revisados? Com que periodicidade? ▪ Como é garantido que o provedor externo atende às necessidades do processo? ▪ Há uma lista de fornecedores homologados? ▪ Há indicadores para os serviços e produtos entregues pelos provedores?

(Quadro 2.5 – conclusão)

Operação		Alguns pontos de reflexão para um auditor
8.5	Produção e provisão de serviço	• Há evidências dos controles de provisão dos produtos e serviços entregues aos clientes? • As especificações têm sido atendidas? • Quais são os índices de rejeição dos lotes de produtos? • Quais são os índices de reclamação dos serviços aos clientes? • Há POP para a produção? • Há IT para a produção? • Os colaboradores utilizam? • Há orientações sobre como o lote produzido pode ser rastreado? • A matéria-prima é rastreável? • A empresa beneficia partes e peças para clientes? Como é realizado o controle e a guarda desses itens? • Há cuidado com o patrimônio físico e intelectual do cliente (produtos, desenhos, projetos)? • Como o produto é preservado na produção, na armazenagem e no transporte? • O produto da empresa gera uma necessidade de logística reversa? • Há evidências do controle desse processo?
8.5.1	Controle de produção e de provisão de serviço	
8.5.2	Identificação e rastreabilidade	
8.5.3	Propriedade pertencente a clientes ou provedores externos	
8.5.4	Preservação	
8.5.5	Atividade pós-entrega	
8.5.6	Controle de mudanças	
8.6	Liberação de produtos e serviços	• Como a empresa evidencia que o produto entregue ao cliente foi o que ele solicitou? • O produto está conforme a especificação? • Existe evidência da liberação do produto ou serviço? • Há necessidade de solicitar concessão ao cliente para a entrega? • Como é documentada essa concessão?
8.7	Controle de saídas não conformes	• Como a empresa controla os produtos que não atenderam aos requisitos do cliente? • O que é feito com o produto não conforme? • Quais as tratativas que a empresa determina para produtos não conformes? • Há identificação nos produtos não conformes?
8.7.1	Assegurar que as saídas não conformes sejam identificadas e controladas	
8.7.2	A organização deve reter informação documentada	

Fonte: Elaborado com base em ABNT, 2015a, p. 11-18.

O auditor deve estar atento ao capítulo 8 da norma porque ele especifica os requisitos operacionais do processo, sendo possível evidenciar como a empresa lida com a garantia da qualidade nas atividades produtivas.

O capítulo 9 é composto de quatro elementos essenciais para a garantia do SGQ: (1) monitoramento, (2) medição, (3) análise e (4) avaliação. Nessa etapa, o auditor deve verificar se a empresa tem clareza sobre como realizar a avaliação de desempenho de seus processos, quais as evidências de como é realizada e como isso tem agregado valor ao SGQ. Listamos no Quadro 2.6 os elementos do capítulo 9 e algumas sugestões para o auditor.

Quadro 2.6 – Capítulo 9 da Norma ISO 9001

Avaliação de desempenho		Alguns pontos de reflexão para um auditor
9.1 9.1.1 9.1.2 9.1.3	Monitoramento, medição, análise e avaliação Generalidades Satisfação do cliente Análise e avaliação	▪ Há evidência de que se atingiu aquilo que foi planejado? ▪ Há indicadores para os processos? ▪ As metas propostas têm sido atingidas? Se sim, há evidências? Se não, o que tem sido feito para melhorar? ▪ O SGQ é entendido como uma ferramenta de apoio para o atingimento das metas? ▪ Os índices de satisfação do cliente são mensurados? Estão satisfatórios? ▪ Qual é a periodicidade estipulada para a avaliação dos resultados? ▪ A empresa utiliza indicadores para avaliar os provedores externos? ▪ Há evidências do atingimento dos indicadores pelos provedores?
9.2 9.2.1 9.2.2	Auditoria interna A organização deve conduzir auditorias em intervalos planejados A organização deve planejar, estabelecer, definir critérios, executar correções	▪ A empresa tem um programa de auditorias internas? ▪ Os critérios e a abrangência das auditorias internas são convergentes com a realidade da organização? ▪ Há evidências de que os resultados das auditorias internas são usados como *input* para o processo de melhoria? ▪ As auditorias internas estão contemplando a gestão de riscos?

(continua)

(Quadro 2.6 – conclusão)

Avaliação de desempenho		Alguns pontos de reflexão para um auditor
9.3	Análise crítica pela direção	▪ Há evidência de que a alta direção realiza análise crítica?
9.3.1	Generalidades	▪ Há necessidade de mudança nos processos?
9.3.2	Entradas de análise crítica pela direção	▪ É possível evidenciar que houve melhoria desde a última reunião de análise crítica? Os indicadores melhoraram? Os índices de satisfação dos clientes aumentaram? Os recursos foram suficientes?
9.3.3	Saídas de análise crítica pela direção	
		▪ Ocorreram não conformidades? Se sim, quais foram as tratativas?

Fonte: Elaborado com base em ABNT, 2015a, p. 19-21.

Quanto aos temas apresentados no capítulo 9, podemos observar que os requisitos estão voltados à forma como a empresa monitora e controla seus resultados. Assim, os auditores têm de verificar se a empresa atingiu os resultados esperados.

O último capítulo da Norma ISO 9001, o de número 10, refere-se à análise dos objetivos atingidos. Esta é uma fase em que a alta direção deve estar envolvida e engajada para dar continuidade ao processo de melhoria, pois um ciclo já foi rodado e, teoricamente, a empresa se prepara para o próximo. Dessa maneira, ciente dos resultados das fases anteriores, a alta direção poderá identificar as oportunidades de melhoria e apoiar o fortalecimento da gestão do SGQ. Reunimos no Quadro 2.7 os elementos de análise desse importante capítulo da norma, que precisa ser avaliado criticamente para que a qualidade seja mantida nos processos organizacionais.

Quadro 2.7 – Capítulo 10 da Norma ISO 9001

Melhoria		Alguns pontos de reflexão para um auditor
10.1	Generalidades	<ul><li>No fechamento deste ciclo, foram identificados pontos de melhoria?</li><li>É possível evidenciar que a empresa está preparada para atender a novos requisitos do cliente?</li><li>Há evidência de novos produtos, serviços e parcerias previstos para os próximos períodos?</li></ul>
10.2 10.2.1 10.2.2	Não conformidade e ação corretiva A organização deve reagir à não conformidade A organização deve reter informação documentada	<ul><li>Ocorreram não conformidades durante o período analisado? Qual foi a abrangência? Foi encontrada a causa raiz? Há informação documentada? Quais foram as tratativas?</li></ul>
10.3	Melhoria contínua	<ul><li>A empresa tem programa de melhoria contínua?</li><li>Como a empresa pretende aumentar o engajamento dos colaboradores?</li><li>Quais são as perspectivas de investimento em novas tecnologias?</li><li>Há perspectiva de capacitação dos profissionais?</li></ul>

Fonte: Elaborado com base em ABNT, 2015a, p. 21-22.

Os pontos da Norma ISO 9001 aqui apresentados não isentam a empresa de um estudo minucioso dos requisitos da norma e sua tradução para a realidade das organizações. Ressaltamos que um requisito pode ser crítico para um tipo de negócio, mas não para outro. Além disso, a coluna dos pontos de reflexão para os auditores contém alguns questionamentos que podem ser úteis no momento da preparação para a realização de uma auditoria.

A versão da ISO 9001 de 2015 centrou-se na interação verbal entre auditor e auditado; então, um roteiro com alguns pontos críticos mostra-se útil para organizar as ideias. Embora os pontos de reflexão tenham sido apresentados como questionamentos, o auditor deve atuar de forma menos inquisitiva. Por exemplo, em vez de perguntar "O que é feito com o produto não conforme?", pode questionar "Você pode mostrar como o produto não conforme é segregado ou descartado aqui no seu setor?".

Para finalizar a apresentação dos requisitos da Norma ISO 9001, destacamos no Quadro 2.8 os anexos A e B, que informam sobre as principais mudanças que ocorreram na última atualização, em 2015.

Quadro 2.8 – Anexos da Norma ISO 9001

Anexos (Informativos)		Informações para o auditor
A.1	Estrutura e terminologia	Esse anexo foi criado para explicar algumas das alterações da Norma ISO 9001, com vistas a ajudar a equipe responsável pelo SGQ de uma organização a compreender quais são as principais mudanças e como evidenciá-las. Para o auditor, também auxilia na compreensão das mudanças e do tipo de evidência que poderá encontrar durante uma auditoria.
A.2	Produtos e serviços	
A.3	Entendendo as necessidades e expectativas de partes interessadas	
A.4	Mentalidade de risco	
A.5	Aplicabilidade	
A.6	Informação documentada	
A.7	Conhecimento organizacional	
A.8	Controle de processos, produtos e serviços providos externamente	
B	Outras normas sobre gestão de qualidade e sistema de gestão da qualidade desenvolvidas pelo ISO/TC 176	ABNT NBR ISO: 9000/9004/10001/10002/10003/10004/10005/10006/10007/10008/10012/10013/10014/10015/10017/10018/10019/19011

Fonte: Elaborado com base em ABNT, 2015a, p. 23-29.

Os requisitos da Norma ISO 9001 que foram apresentados se encontram no mesmo padrão da ISO 14001, da ISO 45001 e da IATF 16949, as quais serão analisadas nesta obra também. Como os requisitos são muito similares, exceto por algumas situações bastante específicas, uma empresa que está certificada em mais de uma norma recebe auditorias integradas quando o auditor busca evidências do cumprimento dos requisitos de todas elas.

Síntese

Demos um segundo passo para a construção do conhecimento sobre auditorias da qualidade e, para isso, apresentamos algumas definições, enfatizando a proposta da Norma ISO 19011. Com relação à importância das auditorias no contexto da qualidade, vimos que elas podem ser mecanismos que auxiliam no processo de melhoria contínua em empresas de diversos segmentos. Ainda na primeira parte deste capítulo, descrevemos as classificações da auditoria, que podem ser quanto a sua aplicação, às partes interessadas e à relação com o sistema.

Comentamos, na sequência, sobre os órgãos certificadores e acreditadores. Os certificadores (ou OACs) são empresas que obtêm liberação do Inmetro para emitir certificados às organizações que implementam uma norma e cumprem os requisitos. Para isso, os OACs precisam ser acreditados. O órgão acreditador, no Brasil, é o Inmetro.

Por fim, examinamos a Norma ISO 9001, a qual é uma das mais auditadas, já que é uma das mais procuradas pelas empresas, porque certifica o SGQ. Detalhamos seus capítulos e listamos questionamentos a serem feitos pelo auditor.

Questões para revisão

1. Conforme Ribeiro e Coelho (2018), a auditoria interna é aquela executada por auditores que integram o grupo de empregados da empresa e abrange exame, avaliação e monitoramento da adequação e efetividade do controle interno; a auditoria externa, por sua vez, é executada por profissionais independentes contratados. Com base no contexto apresentado, cite três objetivos que as auditorias ajudam as empresas a atingir.

2. As empresas que já contam com uma certificação como a ISO 9001, por exemplo, estão habituadas às auditorias tanto

internas quanto externas. Para facilitar o entendimento, foi desenvolvida a seguinte classificação: quanto a sua aplicação; quanto às partes interessadas; e quanto à relação com o sistema. Explique a classificação quanto às partes interessadas.

3. Leia atentamente o texto que segue:

> A auditoria de sistema de gestão é um processo sistemático e documentado de verificação, executado para obter e avaliar, de forma objetiva, evidências que determinem se o sistema de gestão de uma organização está em conformidade com os critérios/requisitos estabelecidos pelas normas de gestão da qualidade, ambiental ou outra. (Silva, 2018, p. 13)

Considerando o exposto pelo autor, avalie as sentenças a seguir e assinale aquela que descreve corretamente uma auditoria de conformidade:

a) Visa verificar se a empresa tem mantido o padrão das operações conforme o estabelecido.
b) Verifica se produtos e serviços estão sendo produzidos e entregues de acordo com as exigências do cliente.
c) Checa se o produto está sendo produzido isento de falhas desde a fase de concepção até o pós-venda.
d) Avalia se a empresa disponibiliza todos os recursos de entrada para a realização dos processos e garante a entrega ao cliente.
e) Busca evidências em documentos, procedimentos e fluxos de que a empresa tem mantido o sistema da qualidade intacto.

4. O processo de auditoria é muito comum entre as empresas certificadas ou em fase de certificação. No entanto, há outras situações que também demandam serviço de auditorias, como aquelas que fazem parte da classificação extrínseca e intrínseca. Considerando-se a auditoria intrínseca, é correto afirmar que:

a) é realizada por auditores externos, sendo também chamada *de terceira parte*.
b) propõe-se a checar se o fornecedor não está envolvido em fraudes.
c) é utilizada para identificar se a empresa que será adquirida está conforme.
d) é um processo de auditoria realizado pela empresa matriz em suas filiais e franquias.
e) é um modelo de auditoria comum em processos de fusão ou aquisição entre empresas.

5. Uma empresa em processo de certificação terá contato com alguns organismos que fazem parte desse contexto, como um órgão certificador e um órgão acreditador. Tendo isso em vista, analise as sentenças a seguir e assinale aquela que descreve corretamente o órgão certificador:

a) Realiza as auditorias de primeira parte e indica as oportunidades de melhorias para a empresa auditada.
b) O Brasil conta com um único órgão certificador, o Inmetro, responsável por todas as atividades de certificação.
c) É responsável por avaliar a empresa que emite certificados para empresas que cumpriram os requisitos exigidos pela norma.
d) Seu objetivo é analisar as conformidades da empresa auditada e informá-las à ABNT, que é responsável por esse processo no Brasil.
e) É a empresa que realiza as auditorias de terceira parte e emite o certificado para as empresas que cumpriram os requisitos.

Questões para reflexão

1. O mundo corporativo passou por mudanças significativas nos últimos anos alavancadas pelo uso intenso de tecnologia, bem como por legislações específicas, negociações internacionais, facilidade em abrir novas empresas etc. Nesse contexto, a preocupação com a gestão de riscos do negócio se intensifica, porque não é interessante para o empreendedor/investidor, tampouco para a sociedade, que as empresas deixem o mercado por falta de conhecimento. Dado esse contexto, responda: Como as auditorias podem ajudar gestores a lidar com os riscos do negócio?

2. Uma empresa que se preocupa com sua imagem perante o mercado toma os devidos cuidados para firmar alianças com fornecedores de boa índole e que atendam às especificações técnicas do produto ou serviço. Uma das ferramentas utilizadas pelas empresas clientes para desenvolver um novo fornecedor ou até mesmo para acompanhar fornecedores já aliados são as auditorias de segunda parte. Sabendo disso, liste as informações que os auditores que representam a empresa cliente podem checar em uma auditoria.

3

Normas ISO

Conteúdos do capítulo:

- Requisitos da Norma ABNT NBR ISO 14001.
- Requisitos da Norma ABNT NBR ISO 45001.
- Requisitos da Norma IATF 16949.

Após o estudo deste capítulo,
você será capaz de:

1. reconhecer os requisitos da norma de gestão ambiental ISO 14001;
2. identificar os principais requisitos da Norma de Saúde e Segurança no Trabalho ISO 45001;
3. compreender a contribuição da Norma IATF 16949 para a indústria automotiva.

Um dos principais pré-requisitos para a realização de auditorias da qualidade é o domínio das normas. No capítulo anterior, apresentamos a Norma ISO 9001 (Sistemas de Gestão da Qualidade – Requisitos); neste, versaremos sobre outras três normas muito importantes: (1) a ISO 14001 (Sistemas de Gestão Ambiental – Requisitos com orientações para uso); (2) a ISO 45001 (Sistemas de Gestão da Segurança e Saúde no Trabalho – Requisitos com orientações para uso); e (3) a IATF 16949 (Requisitos do Sistema de Gestão da Qualidade Automotivo).

3.1
Norma ISO 14001

Para tratarmos da Norma ISO 14001, precisamos resgatar alguns fatos marcantes na gestão ambiental. Já é de conhecimento comum que a Revolução Industrial teve início em 1760, com a criação da primeira máquina a vapor por James Watt (1736-1819), na Inglaterra e, desde então, começou a se difundir pelo mundo. No entanto, no Brasil, a indústria teve início somente na década de 1930, no Estado de São Paulo e, depois, nos estados da Região Sul. Assim, a industrialização nacional começou, no mínimo, duzentos anos após o processo que se desenvolveu na Grã-Bretanha e cerca de cem anos depois de o fenômeno ter sido registrado nos Estados Unidos e na França.

E qual foi o impacto da industrialização no meio ambiente? Os processos produtivos, em sua maioria, agridem o meio ambiente, gerando consequências para os seres humanos e, até mesmo, causando a extinção de algumas espécies da fauna e da flora. O Quadro 3.1 exibe alguns exemplos de impactos.

Quadro 3.1 – Exemplos de aspectos e impactos ambientais

Atividade/elemento	Aspecto ambiental	Impacto ambiental
Pintura	Emissão de partículas aéreas	Contaminação do ar
Fundição	Geração de resíduos de fundição	Contaminação do solo/água
Caldeiraria	Queima de combustível	Contaminação do ar
Usinagem	Uso de fluido de corte Geração de cavaco	Contaminação do solo/água
Transporte	Consumo de combustível fóssil	Depleção de recursos não renováveis Contaminação do ar

Fonte: Carpinetti; Gerolamo, 2016, p. 153.

A industrialização nacional foi tardia e, dessa forma, enquanto as regiões industrializadas estavam se desenvolvendo, como no caso do ABC Paulista, com o propósito de atender às automobilísticas que iniciavam suas operações no país, o mundo já estava discutindo esses impactos e buscando formas de minimizá-los ou transferi-los para países menos desenvolvidos (PMDs). Isso porque os países industrializados já conheciam as consequências da produção industrial sem controle ambiental e começaram a transferir seus processos produtivos para PMDs.

Algumas datas importantes da discussão sobre o meio ambiente no mundo constam no Quadro 3.2.

Quadro 3.2 – Alguns eventos relacionados a aspectos ambientais

Data	Fato relevante
1934	Criação do Parque Nacional do Iguaçu no Brasil
1952	Acidente de poluição do ar em Londres, causando 1 600 óbitos
1962	Publicação do livro *Primavera silenciosa*, de Rachel Carson, que apresentou os efeitos negativos do uso de pesticidas e inseticidas
1965	Primeiro uso da expressão *educação ambiental*, na Conferência da Universidade de Keele, na Grã-Bretanha
1965	Aprovação pelo Congresso Nacional brasileiro do novo Código Florestal

(continua)

(Quadro 3.2 – conclusão)

Data	Fato relevante
1972	Publicação do relatório *Os limites do crescimento* pelo Clube de Roma, na Conferência de Estocolmo-Suécia
1981	Instituição da Política Nacional do Meio Ambiente (Lei n. 6.938, de 11 de agosto de 1981)
1987	Relatório de Brundtland *Nosso futuro comum*, no qual foi utilizado o termo *desenvolvimento sustentável*
1988	Promulgação da Constituição Federal, cujo art. 225 adota os princípios contidos na Declaração de Estocolmo de 1972
1989	Criação do Painel Intergovernamental de Mudanças Climáticas Convenção da Basileia para o Controle de Movimentos Transfronteiriços de Resíduos Perigosos e sua Eliminação
1992	Conferência das Nações Unidas sobre Meio Ambiente e Desenvolvimento, conhecida como Cúpula da Terra ou Rio-92, no Rio de Janeiro
1997	Conferência das Nações Unidas sobre Meio Ambiente e Desenvolvimento em Nova Iorque, chamada de Rio+5 Aprovação do Protocolo de Kioto
2002	Rio+10 em Johanesburgo, na África do Sul
2010	Instituição da Política Nacional de Resíduos Sólidos – PNRS (Lei n. 12.305, de 2 de agosto de 2010)
2012	Rio+20 no Rio de Janeiro
2015	Cúpula de Desenvolvimento Sustentável, em Nova Iorque Acordo de Paris Compromisso de países com a Agenda 2030 para o Desenvolvimento Sustentável

Fonte: Elaborado com base em Castella, 2022; Carpinetti; Gerolamo, 2016.

A lista constante no Quadro 3.2 contém apenas alguns dos eventos globais e alguns fatos ocorridos no Brasil que ilustram o caminho trilhado para a discussão sobre os impactos no meio ambiente. Não se pode dizer que as nações estejam paradas, mas os PMDs têm mais dificuldades de implementação de ações de melhoria nesse quesito porque ainda estão buscando alternativas de subsistência para sua população e, nesse caso, aceitar a produção poluente dos países desenvolvidos ainda é uma realidade.

A questão ambiental é um grande desafio para as nações, pois abarca realidades muito distintas, sendo bastante difícil entrar em consenso. Assim, esses eventos são de extrema importância para estimular os chefes das nações a buscar soluções conjuntas e para exigir que os países desenvolvidos prestem suporte aos PMDs.

Entretanto, é preciso reconhecer que a produção de bens e serviços é realizada por empresas. Adotando-se um recorte do tema de gestão ambiental pelo papel das empresas poluidoras, obtemos um universo menor para avaliar. Isso significa que, se cada empresa poluidora, em qualquer lugar do mundo, mapear seus processos, identificar os pontos de melhoria e aplicar soluções, os impactos no meio ambiente diminuem. E isso já tem acontecido porque elas contam com um recurso de extrema importância, que é a Norma ISO 14001, a qual é de adesão voluntária, ou seja, a empresa busca se adequar aos requisitos da norma e se certificar porque a entende como um diferencial de mercado, não uma imposição. Claro que muitos negócios somente são celebrados entre grandes organizações globais, com a participação em licitações, se estas forem certificadas, o que certamente é um grande motivador para a obtenção da certificação.

Por tal relevância, discutiremos os capítulos da Norma ISO 14001 em sua versão de 2015, realçando aqueles que são passíveis de serem auditados. A Figura 3.1 apresenta os principais eventos que culminaram na concepção da norma como se encontra na atualidade.

Figura 3.1 – Linha do tempo das atualizações da Norma ISO 14001

1993	1994	1996	2005	2015
Comitê ISO/TC 207 para elaborar a ISO 14000	Norma TS 9719 (Sistema de Gestão Ambiental)	ISO 14001 baseada na BS 7750	Primeira revisão da norma (melhoria contínua)	Versão atual da norma (PDCA e integração com outras normas)

Mesmo que os eventos mundiais dedicados ao futuro do meio ambiente aconteçam em diferentes partes do mundo, conforme constatado anteriormente, a International Organization for Standardization (ISO), como organismo de vanguarda, tem atualizado a Norma 14001 para se adaptar aos diferentes contextos e se integrar a outras normas.

A Norma ISO 14001 não explicita os princípios da gestão ambiental, como a ISO 9001, que apresenta sete princípios da gestão da qualidade. No entanto, a ISO 14001 apresenta a estrutura do PDCA (*Plan, Do, Check, Act* – planejar, fazer, verificar, agir), evidenciando que o escopo do Sistema de Gestão Ambiental (SGA) considera questões internas e externas, o contexto da organização, as expectativas das partes interessadas e os resultados pretendidos do SGA. Tudo isso pautado em conceitos basilares, quais sejam: planejamento, suporte e operação; avaliação de desempenho; e melhoria.

FIGURA 3.2 – Relação entre o ciclo PDCA e a estrutura da Norma ISO 14001

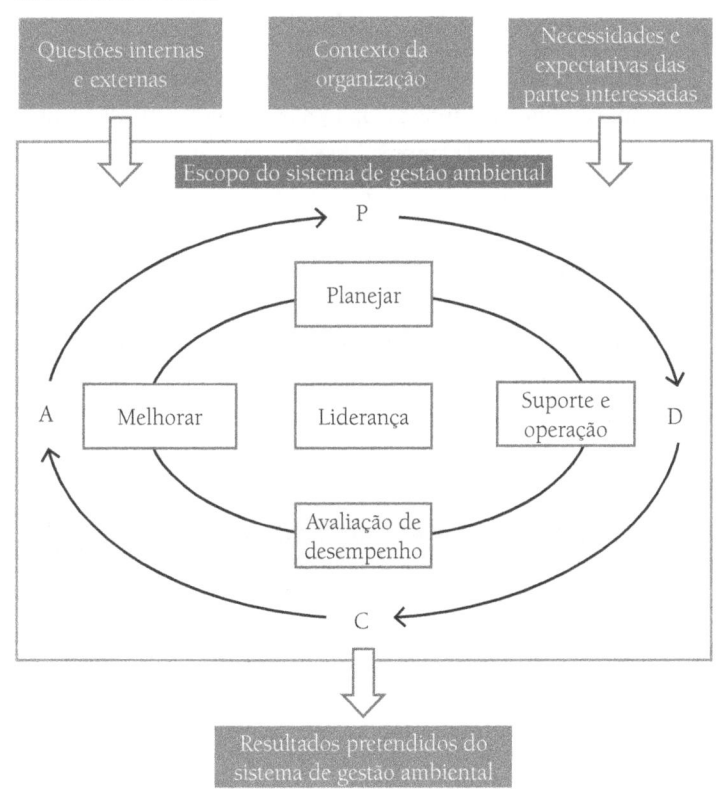

[Diagrama: Questões internas e externas; Contexto da organização; Necessidades e expectativas das partes interessadas → Escopo do sistema de gestão ambiental → ciclo PDCA (P – Planejar, D – Suporte e operação, C – Avaliação de desempenho, A – Melhorar; Liderança ao centro) → Resultados pretendidos do sistema de gestão ambiental]

FONTE: ABNT, 2015b, p. 10.

Com relação à estrutura da Norma ISO 14001 (Figura 3.3), perceba que o escopo é praticamente o mesmo da Norma ISO 9001 (Figura 2.3), o que foi ajustado entre as normas propositalmente com vistas a facilitar a implementação de um Sistema de Gestão Integrado (SGI), conforme registramos anteriormente.

Figura 3.3 – Estrutura da Norma ISO 14001

Capítulos 1 a 3	Capítulos 4 a 6	Capítulos 7 a 10	Anexos
1. Escopo 2. Referência normativa 3. Termos e definições	4. Contexto da organização 5. Liderança 6. Planejamento	7. Apoio 8. Operação 9. Avaliação de desempenho 10. Melhoria	A – De 1 a 10 B – Correspondência com a norma anterior

Fonte: Elaborado com base em ABNT, 2015b, p. iii-v.

Os capítulos iniciais da norma (1 a 3) apresentam informações importantes e requerem uma cuidadosa leitura por parte da equipe responsável pelo SGA da empresa, assim como dos demais colaboradores e, sem dúvida alguma, dos auditores internos e externos. Depois do entendimento dessa seção conceitual, recomenda-se estudar os capítulos da norma, requisito a requisito, bem como sua interpretação.

Da mesma forma que a Norma ISO 9001, os requisitos auditáveis se iniciam no Capítulo 4, conforme apresentado no quadro a seguir.

Quadro 3.3 – Capítulo 4 da Norma ISO 14001

Contexto da organização	
4.1	Entendendo a organização e seu contexto
4.2	Entendendo as necessidades e expectativas das partes interessadas
4.3	Determinando o escopo do Sistema de Gestão Ambiental
4.4	Sistema de Gestão Ambiental

Fonte: Elaborado com base em ABNT, 2015b, p. 7.

Os requisitos do capítulo 4 são de extrema importância para o planejamento das ações, uma vez que lembram aos gestores que as expectativas das partes interessadas precisam ser consideradas. Isso significa dizer que a empresa reconhece que não está sozinha no mercado e que impacta diretamente também a comunidade em que está inserida. Para se certificar na ISO 14001, a empresa precisa atender a todos os requisitos da norma; por isso, é essencial compreender todos os elementos de entrada, processo e saída para a elaboração do SGA.

O capítulo 5 é dedicado ao papel da liderança no SGA. O Quadro 3.4 apresenta esses elementos.

Quadro 3.4 – Capítulo 5 da Norma ISO 14001

Liderança	
5.1	Liderança e comprometimento
5.2	Política ambiental
5.3	Papéis, responsabilidades e autoridades organizacionais

Fonte: Elaborado com base em ABNT, 2015b, p. 8-9.

Para a ISO 14001, à liderança – em primeira instância, identificada na alta direção – cumpre fomentar o SGA na empresa, dar o exemplo, bem como evidenciar o comprometimento e o engajamento para que o sistema tenha os recursos necessários para sua implementação e continuidade.

Na versão de 2015, o papel do representante da administração (RA) ou da direção (RD) não aparece mais como exigível, porque se subentende que uma empresa já certificada conta com um sistema de gestão robusto. Com isso, espera-se que a empresa tenha uma visão integrada e que todos nela sejam responsáveis pelo sucesso do SGA, e não apenas um colaborador (RA ou RD). Na prática, as empresas continuam apresentando essa função, uma vez que elas se encontram em diferentes coeficientes de maturidade e ainda é essencial contar com um responsável por manter o sistema ativo. Além disso, ter clareza quanto aos papéis e responsabilidades dos colaboradores tem sido uma prática aplicada nas organizações no contexto do SGA.

É também com o aval da alta direção que é estabelecida a política ambiental da organização, a qual precisa contemplar os objetivos descritos pela norma. Segundo Carpinetti e Gerolamo (2016), a norma considera que a eficácia obtida pelo SGA depende da atuação da alta direção.

No capítulo 6 da norma, o planejamento é discutido com ênfase nas ações para a abordagem de riscos. Se para o Sistema de Gestão da Qualidade (SGQ) esse item é importante, para o SGA é mandatório, visto que os riscos ambientais são mais complexos e podem ocasionar grandes desastres ambientais. Reunimos no Quadro 3.5 os requisitos da norma que serão aplicados pelas empresas e auditados, considerando-se sua criticidade.

Quadro 3.5 – Capítulo 6 da Norma ISO 14001

	Planejamento
6.1	Ações para abordar riscos e oportunidades
6.1.1	Generalidades
6.1.2	Aspectos ambientais
6.1.3	Requisitos legais e outros requisitos
6.1.4	Planejamento de ações
6.2	Objetivos ambientais e planejamento para alcançá-los
6.2.1	Objetivos ambientais
6.2.2	Planejamento de ações para alcançar os objetivos ambientais

Fonte: Elaborado com base em ABNT, 2015b, p. 9-12.

Para fins de auditoria, o Requisito 6 tem sido um dos mais visados, pois aborda os temas de riscos e oportunidades, os quais, em sua maioria, foram identificados no mapeamento do processo da empresa, contemplado no capítulo 4 da norma (contexto da organização). Tal requisito também exige que a legislação seja obedecida e que os objetivos ambientais sejam determinados. Já o planejamento das ações para alcançar os objetivos requer a análise do ciclo de vida do produto (CVP), porque existe a tendência de usar mais e mais produtos descartáveis, o que impacta diretamente o meio ambiente.

No contexto da auditoria, a norma exige que as informações geradas nesse requisito sejam documentadas, sendo alvo de análises de auditores internos e externos.

O capítulo 7 da Norma ISO 14001, especificado no Quadro 3.6, reúne diversos assuntos que estão conectados com os recursos necessários para garantir o atendimento aos requisitos do SGA, a forma como a comunicação é realizada na organização, a qualificação dos colaboradores e a necessidade da informação documentada, atualizada e controlada.

Quadro 3.6 – Capítulo 7 da Norma ISO 14001

Apoio	
7.1	Recursos
7.2	Competência
7.3	Conscientização
7.4 7.4.1 7.4.2 7.4.3	Comunicação Generalidades Comunicação interna Comunicação externa
7.5 7.5.1 7.5.2 7.5.3	Informação documentada Generalidades Criando e atualizando Controle de informação documentada

Fonte: Elaborado com base em ABNT, 2015b, p. 12-14.

Os elementos apresentados no Quadro 3.6 devem ser observados para que o SGA seja mantido na organização. O item 7.3 é um dos mais relevantes, em razão da necessidade de se conscientizar constantemente as pessoas na empresa e, em alguns casos, até a comunidade na qual a empresa está inserida.

Já o capítulo 8 chama a atenção para a operação, que, para a Norma ISO 14001, requer planejamento e controle tanto de processos internos quanto de provedores externos. Listamos no Quadro 3.7 os dois elementos presentes nesse capítulo.

Quadro 3.7 – Capítulo 8 da Norma ISO 14001

Operação	
8.1	Planejamento e controle operacionais
8.2	Preparação e resposta a emergências

Fonte: Elaborado com base em ABNT, 2015b, p. 15-16.

Fica evidenciado no capítulo 8 que é preciso planejar e determinar controles dos processos críticos da organização tanto em condições normais de operação quanto em uma emergência, reconhecendo-se a possibilidade de causar impactos negativos ao meio ambiente. Isso pode provocar desde um pequeno vazamento de gás liquefeito de petróleo (GLP), no momento de abastecimento de uma empilhadeira, até um grande desastre ambiental, como os acidentes ocorridos nas cidades mineiras de Mariana, em 2015, e de Brumadinho, em 2019 – ambas envolvendo mineradoras administradas pela Vale S.A. e, no primeiro caso, também a BHP Billiton.

Esse capítulo da norma, então, exige uma preparação e resposta à emergência de forma rápida e eficiente, demonstrando às autoridades envolvidas e à sociedade que a empresa tinha ciência do risco e estava preparada para atuar em condição emergencial.

O capítulo 9, por sua vez, é dedicado à avaliação de desempenho do SGA e requer que a empresa identifique se ele está robusto o suficiente para manter a certificação já alcançada ou obter uma recomendação de certificação. O Quadro 3.8 apresenta os requisitos do referido capítulo.

Quadro 3.8 – Capítulo 9 da Norma ISO 14001

Avaliação de desempenho	
9.1 9.1.1 9.1.2	Monitoramento, medição, análise e avaliação Generalidades Avaliação do atendimento aos requisitos legais e outros requisitos
9.2 9.2.1 9.2.2	Auditoria interna Generalidades Programa de auditoria interna
9.3	Análise crítica pela direção

Fonte: Elaborado com base em ABNT, 2015b, p. 16-18.

Conforme expresso no capítulo 9, o atendimento aos requisitos legais, as auditorias internas e a análise crítica pela direção são os elementos essenciais para a manutenção do SGA. Como a Norma ISO 14001 versa sobre um assunto abordado também pela legislação, é importante ficar atento ao que a lei exige e ao modo como a norma trata isso. Já a auditoria interna é um mecanismo que revela como está a gestão ambiental da empresa, sendo uma alternativa para visualizar as oportunidades de melhoria. O papel da alta direção (espera-se, engajada e comprometida) é realizar uma análise crítica e apontar os próximos passos para manter o SGA ativo.

Por fim, como requisito auditável, o capítulo 10 da Norma ISO 14001 trata da melhoria, que precisa ser contínua, como detalhado no Quadro 3.9.

Quadro 3.9 – Capítulo 10 da Norma ISO 14001

Melhoria	
10.1	Generalidades
10.2	Não conformidade e ação corretiva
10.3	Melhoria contínua

Fonte: Elaborado com base em ABNT, 2015b, p. 19.

Os requisitos expressos no capítulo 10 enfatizam a melhoria do SGA. Caso tenha ocorrido alguma não conformidade e alguma ação corretiva seja necessária, isso deve ser interpretado como uma oportunidade de melhoria do SGA. Para tanto, é preciso analisar as causas do não atendimento e tratá-las de forma adequada; afinal, o objetivo do SGA não pode ser somente atender à Norma ISO, mas também ajudar as empresas a encontrar alternativas para uma produção mais limpa e o cuidado efetivo do meio ambiente.

3.2
Norma ISO 45001

A Norma ISO 45001 foi elaborada para preencher uma lacuna da ISO no assunto Gestão da Saúde e Segurança do Trabalho, visto que a OHSAS 18001 era até então utilizada com o apoio da OHSAS 18002. Esclarecemos que a sigla OHSAS refere-se aos termos em inglês *Occupational Health and Safety Assessment Series*, ou seja, Série de Avaliação de Segurança e Saúde Ocupacional.

Os assuntos tratados na Norma ISO 45001 são de extrema importância para qualquer tipo de organização, uma vez que os riscos de acidentes e doenças ocupacionais ocorrem em qualquer segmento, salvaguardando-se as devidas proporções. Os dados sobre esses temas não são animadores, pois, segundo a Organização Internacional do Trabalho (OIT),

> 2 milhões de pessoas morrem a cada ano devido a enfermidades relacionadas com o trabalho; 321 mil pessoas morrem a cada ano como consequência de acidentes de trabalho; 160 milhões de pessoas sofrem de doenças não letais relacionadas com o trabalho; 317 milhões de acidentes laborais não mortais ocorrem a cada ano; a cada 15 segundos há 115 acidentes de trabalho; também a cada 15 segundos, um trabalhador morre de acidente ou doença relacionada com o trabalho. (TST, 2015)

Portanto, fica evidente a importância de se discutir sobre a saúde e a segurança do trabalhador. No entanto, podemos questionar: A Norma ISO 45001 evita acidentes de trabalho e doenças ocupacionais? Não se pode afirmar de forma contundente que evita acidentes, mas, com certeza, ela possibilita a redução dos riscos de acidentes. Quando a norma é implementada, é realizado um mapeamento de processo, de modo que são levantados os riscos e as oportunidades de acidentes, incidentes e tendência de os colaboradores desenvolverem doenças decorrentes de suas tarefas laborais.

A Figura 3.4 apresenta a evolução dos preceitos das normas voltadas a essa temática. Observe que a Norma 45001 tem sido adotada pelas organizações a partir do ano de 2018.

Figura 3.4 – Linha do tempo da Norma de Saúde e Segurança no Trabalho

1996	1999	2007	2018
Norma BS 8800 (era um guia não certificável)	Norma OHSAS 18001	Norma OHSAS 18001 – Revisão	Norma ISO 45001

Como essa norma é relativamente recente no contexto da ISO, ela já foi desenvolvida de forma estruturada, tal qual a 9001 e a 14001, exatamente para ser mais facilmente integrada ao SGI. Note que a estrutura apresentada na Figura 3.5 evidencia essa similaridade.

Figura 3.5 – Estrutura da Norma ISO 45001

Capítulos 1 a 3	Capítulos 4 a 6	Capítulos 7 a 10	Anexos
1. Escopo 2. Referência normativa 3. Termos e definições	4. Contexto da organização 5. Liderança e participação dos trabalhadores 6. Planejamento	7. Suporte 8. Operação 9. Avaliação de desempenho 10. Melhoria	A – De 1 a 10

Fonte: Elaborado com base em ABNT, 2018c, p. iii-iv.

Os capítulos 1 a 3 da Norma ISO 45001, assim como nas normas já apresentadas, contêm os embasamentos necessários para que a equipe que implementou ou que realizará a gestão da Saúde e Segurança do Trabalho (SST) compreenda o papel das organizações no contexto da SST. A norma enfatiza que "a adoção de um sistema de gestão de SST destina-se a permitir que uma organização ofereça locais de trabalho seguros e saudáveis, evite lesões e doenças relacionadas ao trabalho e melhore continuamente seu desempenho de SST" (ABNT, 2018c, p. 6).

A estrutura da norma utiliza também o conceito do ciclo PDCA, que é um processo iterativo (que se repete e evolui) e aplicado ao sistema de gestão da empresa, conforme mostra a Figura 3.6.

Figura 3.6 – Relação entre o PDCA e a estrutura da Norma ISO 45001

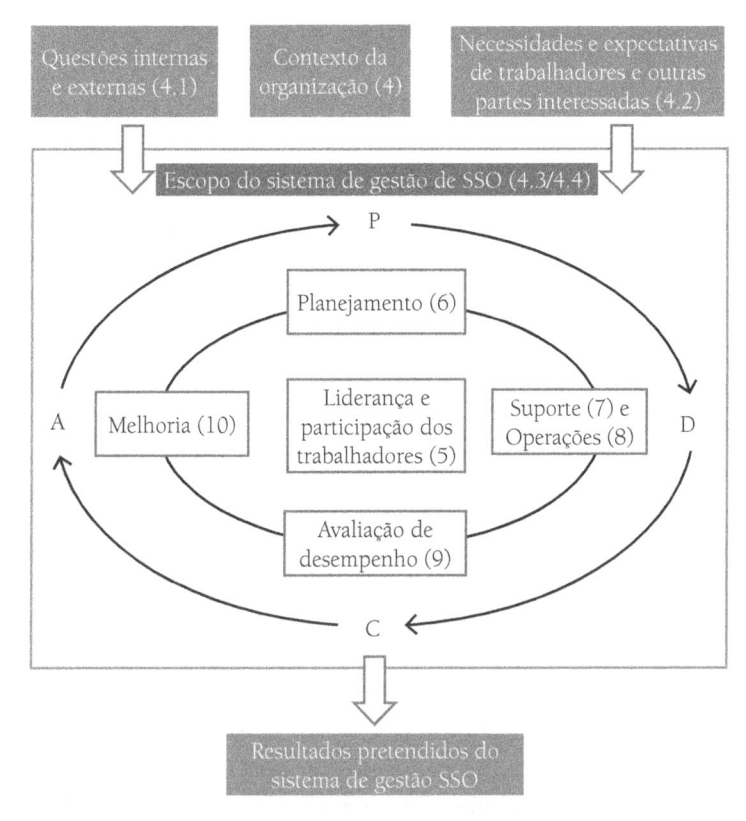

```
┌─────────────────┐  ┌──────────────┐  ┌──────────────────────┐
│ Questões internas│  │ Contexto da  │  │Necessidades e expectativas│
│ e externas (4.1)│  │organização(4)│  │de trabalhadores e outras │
└─────────────────┘  └──────────────┘  │ partes interessadas (4.2)│
                                        └──────────────────────┘
        ↓                  ↓                      ↓
┌─────────────────────────────────────────────────────────────┐
│         Escopo do sistema de gestão de SSO (4.3/4.4)        │
│                                                              │
│                            P                                 │
│                    ┌──────────────┐                          │
│                    │Planejamento(6)│                         │
│                    └──────────────┘                          │
│    ┌──────────┐  ┌──────────────┐  ┌──────────────┐          │
│  A │Melhoria  │  │ Liderança e  │  │ Suporte (7) e│  D       │
│    │  (10)    │  │participação dos│ │ Operações (8)│          │
│    └──────────┘  │trabalhadores(5)│ └──────────────┘          │
│                  └──────────────┘                            │
│                    ┌──────────────┐                          │
│                    │ Avaliação de │                          │
│                    │desempenho (9)│                          │
│                    └──────────────┘                          │
│                            C                                 │
└─────────────────────────────────────────────────────────────┘
                            ↓
              ┌──────────────────────────┐
              │ Resultados pretendidos do │
              │  sistema de gestão SSO    │
              └──────────────────────────┘
```

Fonte: ABNT, 2018c, p. 7.

Os auditores devem iniciar o processo de auditoria na Norma ISO 45001 com base nos elementos do capítulo 4: contexto da organização. Note que, nesse tópico, a norma em discussão enfatiza as necessidades e expectativas dos trabalhadores, e não somente das partes interessadas, como ocorre nas normas ISO 9001 e ISO 14001, conforme descrito no Quadro 3.10.

Quadro 3.10 – Capítulo 4 da Norma ISO 45001

Contexto da organização	
4.1	Entendendo a organização e seu contexto
4.2	Entendendo as necessidades e expectativas dos trabalhadores e de outras partes interessadas
4.3	Determinando o escopo do sistema de gestão de SST
4.4	Sistema de gestão SST

Fonte: Elaborado com base em ABNT, 2018c, p. 10-11.

Ainda com relação ao capítulo 4, é importante frisar que cada empresa apresenta suas peculiaridades, principalmente porque a norma determina que a empresa *deve* delimitar o escopo do sistema de gestão de SST, considerando limites e aplicabilidades. Por isso, os auditores internos e externos certamente encontram diferentes escopos abrangendo o universo de riscos de cada empresa. Por exemplo, uma empresa que produz e comercializa produto químico tem um escopo diferente daquele de um hospital. Isso exige que os mapeamentos dos riscos e perigos sejam realizados de forma clara para todos e, posteriormente, as respostas a esses elementos sejam contempladas no plano de emergência.

O capítulo 5, conforme o Quadro 3.11, amplia o tema da liderança, contemplando a participação dos colaboradores. No contexto da SST, compete à alta direção providenciar os recursos necessários para manter o sistema ativo, qualificar constantemente os colaboradores, além de fomentar a cultura de que a segurança é para todos.

Quadro 3.11 – Capítulo 5 da Norma ISO 45001

Liderança e participação dos trabalhadores	
5.1	Liderança e comprometimento
5.2	Política de SST
5.3	Papéis, responsabilidades e autoridades organizacionais
5.4	Consulta e participação dos trabalhadores

Fonte: Elaborado com base em ABNT, 2018c, p. 11-14.

Em todos os elementos do capítulo 5, aplica-se na norma a forma verbal *deve*, o que significa que as organizações que pretendem se certificar na Norma ISO 45001 precisam, obrigatoriamente, atender a todos esses requisitos e seus desdobramentos. Todos os itens são passíveis de auditoria.

Como a norma estipula que a empresa tem de implementar um sistema de SST, o capítulo 6 é a base para o planejamento disso em conjunto com os itens 4.1 (contexto), 4.2 (partes interessadas) e 4.3 (escopo do sistema de gestão de SST) (ABNT, 2018c).

Elencamos no Quadro 3.12 os requisitos do capítulo 6, os quais abordam desde as ações a serem realizadas para a identificação de riscos e perigos até os requisitos legais e os objetivos a serem atingidos por meio da aplicação da norma.

Quadro 3.12 – Capítulo 6 da Norma ISO 45001

Planejamento	
6.1	Ações para abordar riscos e oportunidades
6.1.1	Generalidades
6.1.2	Identificação de perigos e avaliação de riscos e oportunidades
6.1.2.1	Identificação de perigo
6.1.2.2	Avaliação de riscos de SST e outros riscos ao sistema de gestão de SST
6.1.2.3	Avaliação de oportunidades de SST e outras oportunidades para o sistema de gestão de SST
6.1.3	Determinação de requisitos legais e outros requisitos
6.1.4	Planejamento de ações
6.2	Objetivos de SST e planejamento para alcançá-los
6.2.1	Objetivos de SST
6.2.2	Planejamento para alcançar os objetivos de SST

Fonte: Elaborado com base em ABNT, 2018c, p. 14-17.

Para implementar e, posteriormente, cumprir os requisitos do capítulo 6, recomenda-se o uso de ferramentas de gestão e, preferencialmente, a reunião de pessoas capacitadas para atuar na área de SST. No caso da implantação da Norma ISO 45001, não é possível deixar tudo somente nas mãos dos técnicos de segurança do trabalho; é preciso formar uma equipe capacitada, pois a área de SST também abrange muitos tópicos de legislação, como as Normas Regulamentadoras (NRs), que são inerentes ao segmento e devem ser atendidas. Lembre-se de que as certificações ISO não são obrigatórias, porém, se as empresas tomaram a decisão de obtê-las, tudo tem de ser bem-feito.

As competências necessárias para os colaboradores são abordadas no capítulo 7 (conforme o Quadro 3.13), entendendo-se que o colaborador não qualificado tem mais chance de se colocar em situação de risco de acidente ou adoecer no exercício de sua função.

Quadro 3.13 – Capítulo 7 da Norma ISO 45001

	Suporte
7.1	Recursos
7.2	Competência
7.3	Conscientização
7.4 7.4.1 7.4.2 7.4.3	Comunicação Generalidades Comunicação interna Comunicação externa
7.5 7.5.1 7.5.2 7.5.3	Informação documentada Generalidades Criando e atualizando Controle de informação documentada

Fonte: Elaborado com base em ABNT, 2018c, p. 17-20.

De acordo com o capítulo 7, a empresa deve prover o suporte necessário para que os colaboradores se desenvolvam e sejam conscientizados sobre as temáticas do SST; ademais, isso precisa ser comunicado de forma adequada. A norma diferencia as comunicações interna e externa, o que é importante pois, em se tratando de SST, é preciso haver um sistema de comunicação adequado ao escopo, devidamente documentado e que fomente a participação dos colaboradores.

Constam no capítulo 8, conforme o Quadro 3.14, os requisitos que orientam o planejamento e o controle das operações realizadas na organização, os quais devem ser pensados em consonância com as premissas do SST.

QUADRO 3.14 – Capítulo 8 da Norma ISO 45001

	Operação
8.1	Planejamento e controle operacionais
8.1.1	Generalidades
8.1.2	Eliminando perigos e reduzindo riscos de SST
8.1.3	Gestão de mudanças
8.1.4	Aquisição
8.1.4.1	Generalidades
8.1.4.2	Contratados
8.1.4.3	Terceirização
8.2	Preparação e resposta a emergências

FONTE: Elaborado com base em ABNT, 2018c, p. 20-23.

Todos os requisitos do capítulo 8 são importantes, mas aquele que trata da gestão das mudanças (8.1.3) é fundamental. Isso porque, no contexto do SST, as mudanças nas operações, nas atualizações de tecnologia e até na rotatividade de colaboradores podem ampliar os riscos de acidentes, incidentes e doenças ocupacionais.

É interessante destacar também que o capítulo 8 trata de forma diferenciada os colaboradores da empresa, designados na norma como *trabalhadores*, os contratados pela empresa e os processos terceirizados. Isso significa dizer que a empresa precisa idealizar as operações à luz da temática do SST, contemplando também aqueles profissionais que estão prestando serviços para a empresa, bem como aqueles que estão produzindo parte de seu processo externamente.

Outro ponto importante do capítulo 8 é o plano de ação para as respostas às emergências que podem ocorrer na organização. Para isso, é preciso considerar os aspectos do contexto da organização (capítulo 4); o papel da liderança comprometida com a saúde e a segurança dos trabalhadores e das partes interessadas (capítulo 5); o planejamento das ações (capítulo 6); e o provisionamento dos recursos (capítulo 7). Perceba que os capítulos se complementam, tornando a Norma ISO 45001 integral e clara em suas orientações.

O capítulo 9 (Quadro 3.15) tem como cerne a avaliação de desempenho, a exemplo das normas ISO 9001 e ISO 14001, e evidencia que, para uma empresa melhorar continuamente, tem de monitorar seus processos, analisar os resultados obtidos e avaliar se o SST está robusto. As avaliações de conformidade e os apontamentos das auditorias internas são elementos que devem ser analisados pela alta administração.

Quadro 3.15 – Capítulo 9 da Norma ISO 45001

Avaliação de desempenho	
9.1	Monitoramento, medição, análise e avaliação
9.1.1	Generalidades
9.1.2	Avaliação de conformidade
9.2	Auditoria interna
9.2.1	Generalidades
9.2.2	Programa de auditoria interna
9.3	Análise pela administração

Fonte: Elaborado com base em ABNT, 2018c, p. 23-35.

A norma exige que a análise feita pela alta administração seja realizada em intervalos regulares, ou seja, que não ocorra somente quando a empresa passar por auditoria. Nessa tarefa, são avaliados o desempenho do SST durante o período, as oportunidades de melhorias identificadas e as tendências. Também compete à alta direção definir as ações de mudança, quando necessário, assim como comunicar os resultados aos trabalhadores e demais interessados.

Por fim, o capítulo 10 (Quadro 3.16) trata do processo de melhoria, que precisa ser contínuo também no SST.

QUADRO 3.16 – Capítulo 10 da Norma ISO 45001

\multicolumn{2}{c}{Melhoria}
10.1	Generalidades
10.2	Incidente, não conformidade e ação corretiva
10.3	Melhoria contínua

FONTE: Elaborado com base em ABNT, 2018c, p. 26-27.

Subjaz à Norma ISO 45001 o entendimento de que o processo de melhoria é o caminho viável para atingir os objetivos pretendidos pelo SST, o que inclui gerenciar de ponta a ponta incidentes, acidentes, não conformidades encontradas e ações corretivas propostas. Para que a melhoria seja contínua, as ações tomadas precisam ser avaliadas criticamente quanto a sua eficácia, e a causa, sempre que possível, deve ser eliminada.

Nas temáticas abordadas pelo SST, o ciclo de melhoria (PDCA) tem de estar em constante movimento, pois os elementos inseridos nesse contexto tratam da saúde e integridade dos colaboradores, que são o maior patrimônio de uma organização.

3.3
Norma IATF 16949

A Norma IATF 16949 – Sistema de Gestão da Qualidade Automotiva (SGQA) é uma norma específica para o setor automotivo, a qual tem como meta "o desenvolvimento de um sistema de gestão da qualidade que proporcione a melhoria contínua, enfatizando a prevenção de defeitos e a redução da variação e desperdício na cadeia de fornecimento" (IATF, 2016, p. 6).

> **O que significa IATF?**
>
> IATF é a sigla para International Automotive Task Force, um grupo formado pelos fabricantes de veículos e as associações de classe ligadas à indústria automotiva (Santos Neto, 2021).
>
> A IATF 16949 é considerada uma norma bastante rígida e exigida para os fornecedores sistemistas que atendem à cadeia automotiva, com o intuito de servir como guia que contempla os requisitos voltados às necessidades dos clientes. Considerando que o veículo é um produto global (mesmo com algumas regionalidades, como o lado do volante, que pode variar dependendo do país), a IATF 16949 atua fortemente no sentido de padronizar os sistemas nas montadoras, buscando também imputar qualidade e segurança aos produtos.

Assim como as demais normas que já expusemos nesta obra, a IATF acompanha as mudanças de mercado e recebe atualizações regulares, conforme é possível observar na Figura 3.7.

Figura 3.7 – Linha do tempo das atualizações da IATF 16949

1999	2002 ISO/TS 16949	2009 ISO/TS 16949	2016 ISO/TS 16949
+ CSR (Costumer Specific Requirements) ISO 9001:1994	+ CSR (Costumer Specific Requirements) ISO 9001:2000	+ CSR (Costumer Specific Requirements) ISO 9001:2008	+ CSR (Costumer Specific Requirements) ISO 9001:2015

Fonte: Elaborado com base em IATF, 2016, p. 4.

Observe que a IATF 16949 guarda em seu histórico sempre a Norma ISO 9001 vigente; assim é porque, para obter essa certificação, a empresa obrigatoriamente tem de ser certificada com a Norma ISO 9001. Esta é uma pré-condição que visa garantir que a empresa já tenha a base de um SGQ consolidado. As auditorias são sempre realizadas nas duas normas, concomitantemente, e isso significa dizer que as empresas que estão pleiteando a certificação IATF 16949 são sempre submetidas a auditorias integradas.

Embora a atualização pela qual a IATF 16949 passou em 2016 a tenha descaracterizado como uma Norma ISO (era ISO/TS 16949), seus capítulos foram adaptados e assumiram o padrão, como as demais normas apresentadas nesta obra. Essa padronização dos capítulos das normas impacta diretamente o trabalho dos auditores, pois facilita o atendimento do que precisa ser checado em uma auditoria, independentemente de ser de primeira, segunda ou terceira parte.

A norma ora comentada também utiliza a abordagem de processo, porque tem como premissa a ideia de que "a abordagem de processo envolve a definição e gestão sistemática de processos para alcançar resultados pretendidos de acordo com a política da qualidade e com o direcionamento estratégico da organização" (IATF, 2016, p. 36).

Como ferramenta de apoio, a norma utiliza o ciclo PDCA, já comentado quando discorremos sobre as normas anteriores, conforme mostra a Figura 3.8.

Figura 3.8 – Representação da estrutura da Norma IATF 16949 no ciclo PDCA

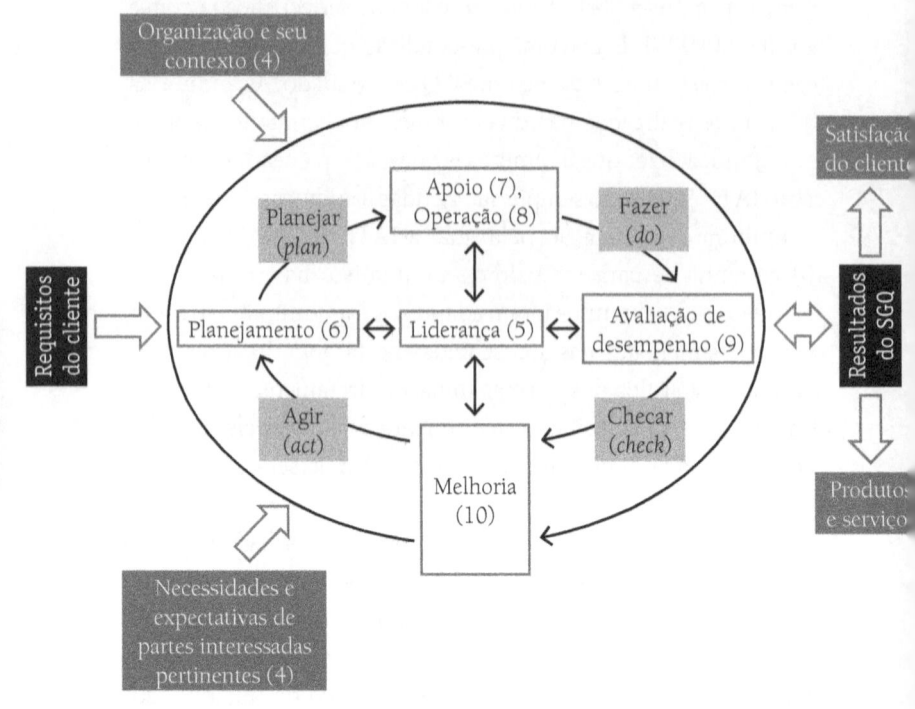

[Diagrama: Organização e seu contexto (4); Requisitos do cliente → Planejamento (6) ↔ Liderança (5) ↔ Avaliação de desempenho (9) → Resultados do SGQ; Planejar (plan) → Apoio (7), Operação (8) → Fazer (do); Agir (act); Checar (check); Melhoria (10); Satisfação do cliente; Produtos e serviços; Necessidades e expectativas de partes interessadas pertinentes (4)]

Fonte: IATF, 2016, p. 38.

O ciclo PDCA evidencia que o processo de atendimento ao cliente se inicia levando-se em conta os requisitos dos clientes, o que é considerado *input* para a empresa se organizar e produzir um bem ou prestar um serviço ao cliente. No que concerne à auditoria, conforme expresso no capítulo 4, o auditor pode verificar como a empresa lida com a situação dos requisitos, necessidades e expectativas dos clientes e demais partes interessadas.

Do capítulo 5 ao 10, os itens da norma contemplam todos os elementos essenciais para que a empresa fornecedora da indústria automotiva desenvolva e entregue produtos e serviços que atendam às especificações técnicas. Vale lembrar que, além de ser funcional, o veículo é um objeto de desejo em todo o mundo.

Assim como fizemos para apresentar as outras normas, a seguir detalharemos os capítulos da IATF 16949, em sua versão de 2016, conforme a Figura 3.9. No entanto, como essa norma é específica para um segmento (indústria automotiva) e exige um curso detalhado para a compreensão de todos os seus requisitos, concentraremos nossa atenção somente nos elementos principais de cada capítulo.

Figura 3.9 – Estrutura dos capítulos da Norma IATF 16949

Capítulos 0 a 3	Capítulos 4 a 7	Capítulos 8 a 10	Anexos
0. Introdução 1. Escopo 2. Referências normativas 3. Termos e definições	4. Contexto da organização 5. Liderança 6. Planejamento 7. Apoio (incluindo recursos)	8. Operação 9. Avaliação de desempenho 10. Melhoria	A – 1 e 2 B

Fonte: Elaborado com base em IATF, 2016, p. 1-6.

Os capítulos de 0 a 3 são dedicados à estrutura da norma e aos aspectos normativos. Do capítulo 4 em diante, são especificados os requisitos da norma, os quais são passíveis de serem auditados. No Quadro 3.17, mostramos os requisitos do capítulo 4.

Quadro 3.17 – Capítulo 4 da Norma IATF 16949

	Contexto da organização
4.1	Entendendo a organização e seu contexto
4.2	Entendendo as necessidades e expectativas das partes interessadas
4.3	Determinando o escopo do sistema de gestão da qualidade
4.4	Sistema de gestão da qualidade e seus processos

Fonte: Elaborado com base em IATF, 2016, p. 15-18.

Conforme já mencionamos, o início do trabalho do auditor corresponde ao que está estipulado no capítulo 4. Isso não significa dizer que o auditor não observará nada do que está contemplado nos capítulos de 0 a 3, mas que precisa usar de seu bom senso e sensibilidade para perceber como a empresa está organizada e detectar a visão dos gestores com relação ao SGQA.

A empresa evidenciará como estabeleceu e implementou seu SGQA, como organizou a sequência, a interação entre os processos e os recursos necessários para sua aplicação e manutenção. É preciso buscar entender a interação entre os processos, tanto os principais quanto os de apoio.

O capítulo 5 foi construído para avaliar o papel e o comprometimento da liderança ante o SGQA. Em primeira instância, essa liderança representa a alta direção (equipe estratégica) e, na sequência, os gerentes, encarregados e supervisores, que representam a equipe tática.

Quadro 3.18 – Capítulo 5 da Norma IATF 16949

Liderança	
5.1	Liderança e comprometimento
5.2	Política
5.3	Papéis, responsabilidades e autoridades organizacionais

Fonte: Elaborado com base em IATF, 2016, p. 18-20.

Embora no Quadro 3.18 constem somente os elementos principais do capítulo 5, ele se desdobra em diversos outros, os quais serão alvo dos auditores no intento de perceber como os responsáveis pelos processos compreendem sua contribuição para a SGQA. Além dos papéis dos gestores e colaboradores da empresa, seguindo o indicado no referido capítulo, o auditor também identificará o quanto a política de qualidade é entendida e vivenciada por todos.

Delineado o papel da liderança, o passo seguinte é avaliar o planejamento, tema do capítulo 6 da Norma IATF 16949, conforme o Quadro 3.19.

Quadro 3.19 – Capítulo 6 da Norma IATF 16949

Planejamento	
6.1	Ações para abordar riscos e oportunidades
6.2	Objetivos da qualidade e o planejamento para alcançá-los
6.3	Planejamento de mudanças

Fonte: Elaborado com base em IATF, 2016, p. 20-21.

No capítulo 6, o auditor encontrará importantes elementos para realizar a auditoria, pois este contempla toda o planejamento das operações da organização. A esta cumpre evidenciar os planos de contingência e esclarecer como lida com os riscos e as oportunidades e como trata as ações preventivas e as mudanças.

Para realizar todas as atividades a que se propõe, a empresa necessita de recursos. Nesse sentido, o capítulo 7 é voltado à disponibilização dos recursos necessários para a realização das operações. Seus principais elementos constam no Quadro 3.20.

Quadro 3.20 – Capítulo 7 da Norma IATF 16949

Apoio	
7.1	Recursos
7.2	Competência
7.3	Conscientização
7.4	Comunicação
7.5	Informação documentada

Fonte: Elaborado com base em IATF, 2016, p. 22-28.

Cumprindo o estabelecido no capítulo 7, a empresa tem de evidenciar aos auditores que dispõe dos recursos necessários e suficientes no que se refere à infraestrutura, às instalações técnicas, aos equipamentos, à tecnologia e, obviamente, à contratação de pessoas qualificadas para as tarefas, as quais representam o capital intelectual da empresa.

Ainda em cumprimento ao que consta nesse capítulo, os auditores devem verificar se a empresa realiza a reavaliação periódica dos riscos das mudanças ocorridas nos períodos avaliados. Ademais, os recursos precisam abarcar os equipamentos de metrologia e calibração, meio de se proceder à rastreabilidade dos *outputs* e construir e manter o conhecimento organizacional.

Um ponto bastante interessante desse capítulo, que não é contemplado pelas demais normas já examinadas nesta obra, é a competência dos auditores. Embora nas demais normas esteja implícito que os auditores precisam ser qualificados, principalmente com curso da Norma ISO 19011, no âmbito da IATF 16949, exige-se que o auditor – seja interno, seja de segunda parte (que pode ser externo) – tenha conhecimentos específicos que o capacitem a realizar auditorias nos processos da indústria automotiva. Já os aspectos de conscientização, comunicação e informação documentada seguem as diretrizes das demais normas.

Depois de verificar como a empresa disponibiliza os recursos e como são utilizados, conforme expresso no capítulo 8, o auditor tem de checar as operações, como indicado no Quadro 3.21.

QUADRO 3.21 – Capítulo 8 da Norma IATF 16949

Operação	
8.1	Planejamento e controle operacionais
8.2	Requisitos para produtos e serviços
8.3	Projeto e desenvolvimento de produtos e serviços
8.4	Controle de processos, produtos e serviços providos externamente
8.5	Produção e provisão de serviços
8.6	Liberação de produtos e serviços
8.7	Controle de saída de produtos não conformes

FONTE: Elaborado com base em IATF, 2016, p. 29-48.

Esse capítulo é extenso porque abrange todos os requisitos previstos pela Norma IATF 16949, assumindo que o planejamento das operações deve ser realizado de forma a contemplar os requisitos do produto e suas especificações técnicas de acordo com: as solicitações do cliente; os requisitos de logística; a viabilidade de manufatura; e os critérios de aceitação do produto por parte do cliente. Além disso, o capítulo 8 contempla: a comunicação com o cliente; a análise crítica dos requisitos relativos aos produtos ou serviços; as características especiais solicitadas por determinado cliente; a viabilidade de manufatura; as mudanças solicitadas pelo cliente devidamente documentadas; o projeto de desenvolvimento do produto ou serviço, principalmente aqueles com *software* embarcado; o monitoramento, o controle e a validação dos projetos; o programa de protótipo; e as mudanças dos produtos solicitadas pelo cliente devidamente documentadas.

O capítulo 8 trata, ainda, das fontes de fornecimento, considerando o processo de seleção e homologação de fornecedores e os controles aplicados ao fornecimento. Ainda, solicita aos fornecedores que melhorem seu SGQ, bem como busquem a certificação IATF 16949. A norma prevê auditores de segunda parte, ou seja, quando a empresa cliente (montadora automotiva) audita seus fornecedores.

Por fim, esse capítulo aborda a manutenção de máquinas, equipamentos, ferramentas, equipamentos de teste e inspeção, *setup* de máquinas, tratativas com a propriedade de clientes e provedores, atividades de pós-entrega, entre outros elementos.

O capítulo 9 versa sobre avaliação de desempenho, conforme descrito no Quadro 3.22.

Quadro 3.22 – Capítulo 9 da Norma IATF 16949

Avaliação de desempenho	
9.1	Monitoramento, medição, análise e avaliação
9.2	Auditoria interna
9.3	Análise crítica da direção

Fonte: Elaborado com base em IATF, 2016, p. 48-52.

No referido capítulo, é estabelecido que ao auditor cumpre checar como a organização monitora, mede, analisa e avalia suas operações. A análise centra-se nos processos de monitoramento e medição da manufatura; isso faz sentido porque a norma é aplicada à indústria automotiva. No entanto, isso não significa dizer que a indústria automotiva não contrata serviços, mas que essa parte da norma trata da qualidade do fornecimento de insumos para a indústria. Um dos requisitos que o auditor poderá checar é se a empresa utiliza ferramentas estatísticas em seus controles de processo e quais são elas. Outro assunto abordado é a satisfação do cliente, com uma preocupação latente com os *recalls*, que infelizmente têm sido comuns nesse segmento. Também está contemplado no capítulo o requisito de auditoria interna e se o programa prevê auditorias do SGQ do processo e do produto. Por fim, como a análise crítica é realizada pela direção, também são verificadas as entradas e saídas dessa análise e se está devidamente documentada.

O capítulo 10, por sua vez, encerra os requisitos da Norma IATF 16949 com o tema da melhoria, conforme disposto no Quadro 3.23.

QUADRO 3.23 – Capítulo 10 da Norma IATF 16949

Melhoria	
10.1	Generalidades
10.2	Não conformidade e ação corretiva
10.3	Melhoria contínua

FONTE: Elaborado com base em IATF, 2016, p. 52-54.

O último capítulo da Norma IATF 16949 trata de um tema que é uma necessidade para todos os segmentos se manterem em melhoria. Segundo essa norma, é preciso que a empresa mantenha seus processos em constante aprimoramento, com abordagens bem-definidas, para a criação de produtos e melhorias dos processos de manufatura, falhas de campo, *recalls* e constatações de auditoria. Isso demanda que a empresa utilize metodologias para evitar erros; testes de dispositivos; sistemas de gestão da garantia; análise das reclamações dos clientes; e busca incessante pelo NTF (*no trouble found*, ou "nenhum problema encontrado").

Em cada ciclo de auditorias, muitos dos itens mencionados aqui são checados e atestam como a empresa está lidando com o SGQA. Seja no caso da IATF 16949, seja nas demais normas, o papel dos auditores (interno ou externo) é preponderante para a construção da qualidade não somente dos processos, mas também da cultura da qualidade.

Síntese

Neste capítulo, expusemos, em linhas gerais, os requisitos das normas ISO 14001, ISO 45001 e IATF 16949, com comentários sobre os requisitos dos capítulos, para evidenciar a importância das auditorias na manutenção da qualidade já obtida e no fomento à melhoria contínua.

Para isso, indicamos os contextos em que essas normas se aplicam. A ISO 14001 tem ênfase na gestão dos aspectos ambientais, dado que muitos processos produtivos e até de prestação de serviços, como clínicas e hospitais, impactam diretamente o meio ambiente. A ISO 45001 volta-se às ações de prevenção de acidentes de trabalho e de doenças ocupacionais. Por fim, a IATF 16949, considerada uma norma rígida e que tem a ISO 9001 como pré-requisito, visa padronizar a gestão da qualidade aplicada aos fornecedores da indústria automotiva.

A apresentação das normas foi sintética; de qualquer modo, esperamos que contribua para a construção do conhecimento do auditor em formação ou para a reflexão do auditor veterano. No entanto, lembre-se de que a construção do conhecimento em auditoria é contínuo e necessita da prática para a criação de *know-how*.

Questões para revisão

1. As empresas têm buscado adequar seus processos produtivos e de prestação de serviços de modo a evitar danos ao meio ambiente, seja por pressão da sociedade, seja pelo reconhecimento de que, se não o fizerem, não haverá futuro. Nesse propósito, várias empresas do mundo todo têm implementado a ISO 14001 como estratégia. Considerando esse contexto, explique como a certificação ISO 14001 pode ajudar a empresa a se tornar mais sustentável.

2. As normas ISO 9001, 14001 e 45001 e a IATF 16949 apresentam a mesma estrutura. Explique a justificativa utilizada para a adoção dessa medida.

3. A Norma ISO 14001 – Sistemas de Gestão Ambiental (SGA) contém dez capítulos. Os pontos auditáveis são abordados a partir do capítulo 4, "Contexto da organização". Sobre os requisitos desse capítulo, é correto afirmar que:

a) as empresas demonstram como atendem aos requisitos dos fornecedores.
b) para atender aos requisitos desse capítulo, a empresa investirá em automação dos processos produtivos.
c) a empresa escolhe entre atender às necessidades do cliente e atender às necessidades do meio ambiente, pois há incompatibilidade entre os dois.
d) uma das prerrogativas para cumprir o exposto nesse capítulo é atender às especificações do projeto do cliente, desconsiderando-se as questões ambientais.
e) o SGA é implementado para atender aos requisitos desse capítulo, e o auditor poderá checar se o que está implementado atende à norma.

4. Para obter a certificação ISO 45001, a empresa tem de estabelecer uma estrutura robusta para gerenciar os riscos de acidentes de trabalho e saúde ocupacional. Os assuntos precisam ser discutidos pelas partes interessadas, e o capítulo 5 da norma, "Liderança e participação dos trabalhadores", trata dessa temática. Considerando esse contexto, analise as sentenças a seguir e assinale a correta:

a) As políticas de saúde e segurança do trabalho são discutidas com clientes e fornecedores porque estes são partes interessadas.
b) O capítulo 5 evidencia que compete à alta direção capacitar os colaboradores para que trabalhem cada vez mais de forma segura.
c) Os requisitos da ISO 45001 são imutáveis, independentemente do tipo e porte da empresa, o que inviabiliza sua implementação.
d) Os colaboradores devem providenciar seus recursos de trabalho, já que são eles que sabem quais são os mais seguros.

e) Os papéis e responsabilidades relativos à segurança do trabalho na empresa são determinados pelo órgão certificador da ISO 45001.

5. As empresas fornecedoras que desejam atender à indústria automobilística precisam se certificar com a Norma IATF 16949, a qual tem como pré-requisito a Norma ISO 9001. Isso significa que o SGQ já está devidamente implementado e a empresa fará os ajustes complementares para obter a IATF 16949. A norma é composta de dez capítulos e, no capítulo 7, intitulado "Apoio", há um requisito que as demais normas não mencionam. Qual é esse requisito?

a) Provisão de recursos.
b) Análise crítica da direção.
c) Não conformidade e melhoria contínua.
d) Competência dos auditores interno e externo.
e) Monitoramento, medição, análise e avaliação.

Questões para reflexão

1. Considere o trecho a seguir:

> Condição básica para que uma organização consiga atingir a qualidade ambiental, em harmonia com os princípios do desenvolvimento sustentável, é a utilização consciente e parcimoniosa de matérias-primas e energia. A otimização do uso de matérias e energia está diretamente ligada ao conceito de ecoeficiência. A ecoeficiência é, portanto, a oferta de bens e produtos produzidos de forma a utilizar com a máxima eficiência o uso dos recursos do nosso planeta. (Alencastro, 2012, p. 56)

Com base nesse excerto, escreva como a certificação ISO 14001 pode ajudar as empresas a atingir o objetivo da ecoeficiência.

2. Leia o fragmento da matéria jornalística a seguir:

> No mundo, **um trabalhador morre por acidente de trabalho ou doença laboral a cada 15 segundos**. De 2012 a 2020, 21.467 desses profissionais eram brasileiros — o que representa uma taxa de 6 óbitos a cada 100 mil empregos formais nesse período, aponta o Observatório de Segurança e Saúde no Trabalho, elaborado pelo Ministério Público do Trabalho (MPT) e a Organização Internacional do Trabalho (OIT).
>
> **Entre os países do G20, o Brasil ocupa a segunda colocação em mortalidade no trabalho,** apenas atrás do México (primeiro colocado), com 8 óbitos a cada 100 mil vínculos de emprego entre 2002 e 2020. (Basílio, 2021, grifo do original)

Analisando os dados expostos no fragmento da matéria, responda:

a) Você considera que a certificação ISO 45001 pode ajudar as empresas a baixar esse índice?
b) Quais ações podem ser realizadas?

4

Norma ISO 19011 – para auditores

Conteúdos do capítulo:

- Formação de auditores.
- Diretrizes da norma para a formação de auditores ISO 19011.
- Métodos de auditoria.
- Gestão de risco nas auditorias.
- Ciclo das auditorias.

Após o estudo deste capítulo, você será capaz de:

1. indicar a importância da formação de auditores internos e externos;
2. interpretar as diretrizes da Norma ISO 19011;
3. descrever os métodos de auditoria;
4. identificar riscos em uma auditoria;
5. aplicar um ciclo de auditoria.

No capítulo anterior, descrevemos brevemente algumas normas comumente utilizadas por empresas no mundo todo; contudo, conhecê-las não é o bastante para um auditor interno ou externo. Para a formação do auditor, há um caminho padrão a ser percorrido, que abrange estudar as normas, realizar curso de qualificação específico para a atividade, realizar auditorias para adquirir prática e continuar conectado com as mudanças de mercado.

Neste capítulo, discorreremos sobre a Norma ISO 19011, que apresenta diretrizes para auditorias de sistema de gestão e constitui-se em um material fundamental para a formação do auditor, já que reúne todos os elementos necessários para a realização de auditorias.

4.1
Formação de auditores internos e externos

Embora os processos de auditoria inicialmente tenham sido dirigidos a questões contábeis e financeiras, o surgimento das normas ISO (International Organization for Standardization) voltadas à gestão da qualidade dos processos fez emergir a necessidade de profissionais capacitados para realizar auditorias da qualidade.

Nessas auditorias, o papel de um auditor é avaliar a conformidade dos processos de uma organização. Para isso, ele examina, confere, busca e compara evidências de que o modo como os colaboradores realizam suas atividades está de acordo com os procedimentos estabelecidos e, ainda, atende aos requisitos da norma que a empresa segue. Isso abriu espaço para a qualificação de profissionais para atuarem em auditorias de primeira, segunda e terceira partes.

Em se tratando de auditorias da qualidade, para a realização daquelas de primeira parte (auditoria interna), comumente as empresas tomam dois caminhos:

1. **Realização de um processo seletivo interno** – Envolve identificação de colaboradores que atendam a um perfil mínimo para se tornar auditor; qualificação desses colaboradores para que estejam aptos a auditar os processos internos; preferência pela estruturação de uma equipe com colaboradores de diferentes setores, para que a equipe seja multidisciplinar. Nesse caso, é comum os colaboradores serem auditores voluntários, ou seja, além de exercerem as atividades para as quais foram contratados, assumem o papel do auditor nos ciclos de auditorias.

2. **Estruturação de um setor interno** – Consiste em um processo executado exclusivamente para realizar as auditorias de processos. Para isso, geralmente são contratados profissionais já qualificados e que possam fazer as auditorias nos diversos

setores da organização. Essa é uma realidade de médias e grandes empresas, as quais contam com processos complexos, havendo a necessidade de realização de auditorias frequentes. Nesse caso, o colaborador não é um auditor voluntário na empresa, pois ele foi contratado exatamente para essa função.

Independentemente do modelo adotado pela empresa, a qualificação precisa ser contínua, para que os auditores internos acompanhem as mudanças de mercado e as atualizações das normas, de modo que possam aplicar os métodos de auditoria de vanguarda, como as auditorias remotas ou virtuais.

No que se refere aos auditores externos, esses profissionais atuam para garantir a conformidade dos processos e de produtos de diferentes organizações. Essa abrangência de atuação é uma das principais diferenças entre os auditores internos e externos.

Alguns auditores externos são independentes, ou seja, qualificam-se por meio de cursos específicos e obtêm certificações para atender às demandas de empresas públicas e privadas. Outros preferem associar-se às empresas caracterizadas como órgãos certificadores e prestar serviços de auditoria, de acordo com as demandas que surgem.

Para a atuação como auditor externo, o profissional precisa ser qualificado como auditor líder em sistemas de gestão da qualidade (SGQs) e obter uma certificação profissional de pessoas.

Tanto auditores internos quanto externos devem ser capacitados para interpretar os requisitos das normas em que as empresas são certificadas, no intuito de compreender qual é o coeficiente de atingimento de conformidade de tais requisitos. Para alcançar esse objetivo, além de estudar os requisitos das normas – as quais foram apresentadas nos capítulos anteriores – e interpretá-los, os auditores precisam dominar a Norma ISO 19011 para realizar auditorias de primeira, segunda e terceira partes. Tal norma foi desenvolvida exatamente para qualificar os auditores e, assim como as demais, recebe atualizações regulares para contemplar as mudanças de mercado.

A Norma ISO 19011, referência para os auditores, será apresentada na sequência considerando-se a versão de 2018. Embora as normas em geral recebam atualizações, não é uma prática comum alterá-las totalmente; busca-se apenas implementar melhorias. Portanto, se, ao ler este livro, já estiver em vigência outra versão da norma, não se preocupe: a essência e o padrão da norma estarão mantidos.

4.2
Diretrizes da Norma ISO 19011

Um auditor, interno ou externo, tem de realizar um curso de qualificação para estudar e interpretar a Norma ISO 19011 e, sempre que esta passar por uma atualização, recomenda-se fazer uma nova qualificação. Isso se faz necessário para manter os auditores conectados com as mudanças de mercado, pois as tecnologias têm avançado de modo muito célere, e isso impacta a produção e o consumo de produtos e serviços. Por óbvio, a norma que forma os profissionais para realizar as auditorias desses processos em constante mudança também precisou acompanhar tudo isso, conforme evidenciado na Figura 4.1.

Figura 4.1 – Linha do tempo das atualizações da ISO 19011

Antes de 2002	2002	2012	2018
NBR ISO 10011, 14011 e 14012	NBR ISO 19011 substituiu as normas anteriores	Otimização da integração dos sistemas de gestão, permitindo auditoria única	Padronização da estrutura das normas e alinhamento das terminologias, títulos, termos básicos e definições comuns

Fonte: Elaborado com base em História..., 2018.

Aqui, convém fazermos uma observação: a primeira versão da Norma ISO 9001 é de 1987, e a norma que prepara auditores (ISO 19011) data de 2002. Assim, surge o questionamento: E como as auditorias eram realizadas antes de 2002?

A Figura 4.1 evidencia que era preciso utilizar as normas ISO 10011 (diretrizes para auditoria do sistema de gestão da qualidade), 14011 e 14012 (diretrizes para auditoria ambiental) para a realização de uma auditoria. Então, reconheceu-se a necessidade de criar uma norma padrão para formar auditores para outros sistemas.

A estrutura da Norma ISO 19011, em sua versão de 2018, está alinhada às últimas alterações das normas dos sistemas de gestão, como a abordagem de risco, a padronização de terminologias e a importância do planejamento das auditorias. A Figura 4.2 apresenta a estrutura da Norma ISO 19011 em sua versão de 2018.

Figura 4.2 – Estrutura dos capítulos da Norma ABNT NBR ISO 19011

Capítulos 1 a 3	Capítulos 4 a 5	Capítulos 6 a 7	Anexos
1. Escopo 2. Referência normativa 3. Termos e definições	4. Princípios de auditoria 5. Gerenciando um programa de auditoria	6. Generalidades 7. Competência e avaliação de auditores	A – De 1 a 18

Fonte: Elaborado com base em ABNT, 2018d, p. iii-v.

Note que foi mantido o padrão nos capítulos iniciais (de 1 a 3) das normas que expusemos nos capítulos precedentes deste livro, o que demonstra a preocupação em preparar o auditor para auditar requisitos de diferentes normas.

O auditor (interno ou externo) em formação precisa compreender cada requisito dessa norma referencial para estar apto a realizar as auditorias nas organizações. Dessa forma, tem de dominar a Norma ISO 19011.

Não é escopo desta obra configurar-se como um curso da Norma ISO 19011, mas deixar claro que ela é a referência que o auditor precisa seguir para organizar seus trabalhos. Diante disso, trataremos aqui dos itens da norma sem, no entanto, detalhá-los. Afinal, reiteramos, o profissional interessado precisa fazer uma capacitação específica que lhe conceda o certificado necessário para sua atuação.

Os capítulos introdutórios ao estudo da Norma ISO 19011 são: 1. Escopo da norma; 2. Referências normativas (a norma não traz referências normativas); 3. Termos e definições; e 4. Princípios de auditoria. O entendimento desses capítulos introdutórios é essencial para que o futuro auditor ou mesmo um auditor experiente mantenha o padrão, principalmente no que tange a termos e definições. Sempre que surgirem dúvidas sobre alguns termos clássicos das auditorias, recomenda-se a consulta ao capítulo 3, no qual se esclarecem definições de: *auditoria*; *auditoria combinada*; *conjunta*; *programa de auditoria*; *escopo da auditoria*; *plano de auditoria*; *critérios de auditoria*; *evidência objetiva*; *evidência de auditoria*; *constatações de auditoria*; *conclusão de auditora*; *cliente de auditoria*; *auditado*; *equipe de auditoria*; *auditor*; *especialista*; *observador*; *sistema de gestão*; *risco*; *conformidade*; *não conformidade*; *competência*; *requisito*; *processo*; *desempenho* (ABNT, 2018d). Os termos citados fazem parte da rotina do auditor; por isso, devem ser estudados e compreendidos, de modo que, ao realizar sua atividade-fim (a auditoria), não tenha dúvidas sobre o significado de cada um deles.

Do capítulo 4 em diante, é abordado o processo de formação do auditor, ficando estabelecidos os princípios de auditoria (ABNT, 2018d), quais sejam:

1. Integridade
2. Apresentação justa
3. Devido cuidado profissional
4. Confidencialidade
5. Independência

6. Abordagem baseada em evidência
7. Abordagem baseada em risco

Os princípios de auditoria precisam ser conhecidos e praticados por todos os auditores para que o processo inspire confiança e transparência. Em linhas gerais, nos cursos de formação, são apresentados com as possíveis justificativas.

Na Norma ISO 19011, o princípio da **integridade** é qualificado como a base do trabalho do auditor, estando associado às seguintes palavras-chave: *ética, responsabilidade, honestidade, competência, imparcialidade* e *sensibilidade*. Perceba que, no âmbito da norma, integridade é um conjunto de elementos que se complementam, e os auditores devem ficar atentos a ela.

Quanto ao princípio da **apresentação justa**, o auditor deve ser transparente, isto é, ele não deve omitir ou maquiar informações que foram detectadas por ele nas auditorias. Isso é fundamental para que os resultados agreguem valor ao processo de melhoria contínua das organizações, o que abrange a comunicação de todas as oportunidades de melhorias, inclusive aquelas que não foram resolvidas durante o período da auditoria.

O princípio do **devido cuidado profissional** complementa os anteriores porque lembra o auditor do quão importante é sua atividade. Também sinaliza que alguns auditados ficam nervosos durante a visita desse profissional. Assim, o auditor precisa ter cuidado na realização de sua atividade, principalmente com julgamentos precipitados, porque isso impacta diretamente a quantidade de não conformidades ou o teor das observações que ele faz. Assinalamos que não compete ao auditor fazer juízo de valor sobre o modo como a empresa conduz suas estratégias ou processos; dessa maneira, é conveniente utilizar amostragens para verificações e guiar-se pelo bom senso na tomada de decisão.

A **confidencialidade** é um princípio que precisa ser seguido pelos auditores, principalmente porque eles têm acesso a informações privilegiadas das organizações. Diante disso, a discrição é uma qualidade de alto valor para o auditor, para garantir que os dados e as informações não sejam levados para outras empresas ou até mesmo para outros setores, caso haja uma auditoria interna. Nesse princípio também se enquadra a segurança dos dados, que, na atualidade, é tratada pela Lei n. 13.709, de 14 de agosto de 2018 (Brasil, 2018), a Lei Geral de Proteção de Dados (LGPD), a qual tem como intuito proteger os dados sensíveis, seja de empresas, seja de pessoas.

Para a realização de uma auditoria eficiente e eficaz, o auditor deve ser imparcial e, para isso, é necessário considerar o princípio da **independência**. Como exemplo da aplicação desse princípio, nas auditorias internas, o colaborador do setor de embalagem não audita o setor de embalagem, assim como o auditor que é colaborador do setor de gestão de pessoas não audita esse setor. A Norma ISO 19011 reconhece que empresas de pequeno porte podem não ter muitos auditores qualificados, havendo o risco de o colaborador auditar o setor em que trabalha. Caso isso ocorra, o auditor tem de ser capacitado para compreender a importância da imparcialidade.

O princípio da **abordagem baseada em evidência** aponta que uma auditoria não pode ser conduzida e concluída por meios subjetivos e suposições. É preciso que haja evidências de que os processos foram realizados de maneira que possam ser comprovados, rastreados, e que amostras dos processos foram utilizadas para análise e conclusões das auditorias.

Por seu turno, o princípio da **abordagem baseada em risco** refere-se ao papel atualizado das auditorias. Embora no contexto da qualidade todos os processos tenham de ser monitorados e auditados, a identificação dos reais riscos e oportunidades de uma organização demanda análise crítica e bom senso. Nesse sentido, as auditorias servem ao propósito de verificar como as organizações têm lidado com essa temática e se estão priorizando aquilo que agrega valor ao cliente. Isso exige que o auditor repense suas práticas e concentre esforços para verificar pontos que sabidamente impactam o resultado entregue ao cliente da organização. Ademais, esse princípio atende à perspectiva das normas auditáveis e certificáveis, que foram atualizadas recentemente e contemplam a análise de riscos.

Depois de especificar os critérios de auditoria, a norma aborda elementos a serem considerados na realização das auditorias, conforme mostra o Quadro 4.1.

Quadro 4.1 – Capítulo 5 da Norma ISO 19011

Gerenciando um programa de auditoria	
5.1	Generalidades
5.2	Estabelecendo objetivos de um programa de auditoria
5.3	Determinando e avaliando riscos e oportunidades do programa de auditoria
5.4	Estabelecendo o programa de auditoria
5.4.1	Papéis e responsabilidades das pessoas que gerenciam o programa de auditoria
5.4.2	Competências das pessoas que gerenciam o programa de auditoria
5.4.3	Estabelecendo a extensão do programa de auditoria
5.4.4	Determinando recursos do programa de auditoria
5.5	Implementando o programa de auditoria
5.5.1	Generalidades
5.5.2	Definindo os objetivos, escopo e critérios de uma auditoria individual
5.5.3	Selecionando e determinando os métodos de auditoria
5.5.4	Selecionando os membros da equipe de auditoria
5.5.5	Atribuindo responsabilidade para uma auditoria individual ao líder da equipe de auditoria
5.5.6	Gerenciando os resultados do programa de auditoria
5.5.7	Gerenciando e mantendo os registros do programa de auditoria

Fonte: Elaborado com base em ABNT, 2018d, p. 7-21.

Os elementos elencados no Quadro 4.1 evidenciam que o gerenciamento de um programa de auditoria requer um planejamento que contemple os objetivos, bem como determine quem serão os responsáveis e quais competências serão necessárias para sua aplicação. Ainda na fase de planejamento, é preciso identificar os recursos, estabelecer o programa de auditoria, determinar os critérios a serem adotados e o modelo de auditoria a ser utilizado.

A norma prevê também que uma empresa pode ter diferentes plantas a serem auditadas. Quanto a isso, reforça que o encarregado (ou a equipe responsável) pela auditoria deve considerar que as realidades vivenciadas em plantas diferentes da mesma empresa podem surtir efeitos distintos no *modus operandi* dos processos. Ademais, a norma solicita a atenção dos responsáveis pelos programas de auditorias, para se certificarem de que se trata de uma auditoria individual (somente uma norma) ou combinada (mais de uma norma). Esse ponto exige cuidado no planejamento, na execução e no controle dos resultados das auditorias.

O capítulo 6 aborda a condução das auditorias, e seus elementos estão contemplados no Quadro 4.2.

Quadro 4.2 – Capítulo 6 da Norma ISO 19011

	Conduzindo uma auditoria
6.1	Generalidades
6.2	Iniciando uma auditoria
6.2.1	Generalidades
6.2.2	Estabelecendo contato com o auditado
6.2.3	Determinando a viabilidade da auditoria
6.3	Preparando as atividades da auditoria
6.3.1	Realizando análise crítica de informação documentada
6.3.2	Planejando a auditoria
6.3.3	Atribuindo trabalho para a equipe de auditoria
6.3.4	Preparando informação documentada para a auditoria
6.4	Conduzindo atividades de auditoria
6.4.1	Generalidades
6.4.2	Atribuindo papéis e responsabilidades para guias e observadores
6.4.3	Conduzindo a reunião de abertura
6.4.4	Comunicação durante a auditoria
6.4.5	Disponibilidade e acesso de informação de auditoria
6.4.6	Analisando criticamente a informação documentada ao conduzir a auditoria
6.4.7	Coletando e verificando informação
6.4.8	Gerando constatações de auditoria
6.4.9	Determinando conclusões de auditoria
6.4.10	Conduzindo a reunião de encerramento

(continua)

(Quadro 4.2 – conclusão)

Conduzindo uma auditoria	
6.5 6.5.1 6.5.2	Preparando e distribuindo o relatório de auditoria Preparando o relatório de auditoria Distribuindo o relatório de auditoria
6.6	Concluindo a auditoria
6.7	Conduzindo o acompanhamento da auditoria

Fonte: Elaborado com base em ABNT, 2018d, p. 21-33.

O capítulo 6 prepara o auditor para a realização das auditorias; nele, há diversos apontamentos sobre como é possível proceder a auditorias de forma eficiente e enxuta. A norma salienta a importância do contato com o auditado, pois, em muitos casos, ele é um profissional tímido, ansioso ou até mesmo estressado, o que impactará diretamente a condução da auditoria caso o auditor não tome os devidos cuidados.

Em muitas organizações, o calendário de auditorias é divulgado a todos previamente; isso não significa, porém, que o auditor deva chegar de surpresa ao setor que auditará em qualquer momento do período anunciado. Recomenda-se que ele contate o auditado e combine a data (e, se possível, o horário) mais conveniente para a realização da auditoria.

Ainda no capítulo 6, discorre-se sobre o planejamento de um ciclo de auditorias, o que difere um pouco do conceito de planejamento do capítulo 5, que é mais amplo, pois abrange o programa de auditoria. Segundo a Norma ISO 19011, nesse planejamento a abordagem baseada em risco precisa ser contemplada, de modo a considerar os "riscos para alcançar os objetivos da auditoria criados por um planejamento de auditoria ineficaz e riscos para o auditado criados pela realização de auditorias" (ABNT, 2018d, p. 23).

Outros pontos importantes desse capítulo referem-se à forma como os dados são coletados, se estão disponíveis e acessíveis, além do modo como o auditor conclui sua auditoria. Mencionam-se também a reunião de encerramento e os relatórios finais das auditorias, os quais são de responsabilidade dos auditores.

No capítulo 7, é tratado um assunto de extrema relevância para o processo de auditoria: a competência e a avaliação de auditores. Essa temática costuma gerar dúvidas e até polêmica, uma vez que nem sempre os auditores aceitam que precisam ser avaliados, com relação tanto ao conhecimento técnico quanto ao aspecto comportamental. Listamos no Quadro 4.3 os elementos considerados pela norma.

Quadro 4.3 – Capítulo 7 da Norma ISO 19011

Competência e avaliação de auditores	
7.1	Generalidades
7.2	Determinando a competência do auditor
7.2.1	Generalidades
7.2.2	Comportamento pessoal
7.2.3	Conhecimento e habilidades
7.2.4	Alcançando a competência de auditor
7.2.5	Alcançando a competência do líder da equipe de auditoria
7.3	Estabelecendo os critérios de avaliação do auditor
7.4	Selecionando o método apropriado de avaliação de auditor
7.5	Conduzindo a avaliação de auditor
7.6	Mantendo e melhorando a competência de auditor

Fonte: Elaborado com base em ABNT, 2018d, p. 33-40.

Os pontos tratados no capítulo 7 devem ser compreendidos tanto pelo responsável pelo processo de auditoria quanto pelos auditores em formação como um parâmetro de melhoria. No caso de um auditor interno, é possível observar a evolução do profissional nos termos que a norma solicita. Já no caso de um auditor externo, essa avaliação é realizada, num primeiro momento, pela empresa que o contratou e, depois, pelo órgão certificador que ele está representando.

A norma esclarece que os auditores podem ter competências e conhecimentos diferentes, e isso explica por que uma equipe de auditores internos deve ser multidisciplinar e contar com colaboradores de diferentes setores da organização. Ainda segundo a norma, o responsável pelo processo de auditoria e a equipe envolvida precisam decidir os critérios de avaliação do auditor e o método de avaliação, considerando a criticidade da tarefa, a complexidade dos processos da organização e a capacidade do auditor de atingir os objetivos propostos pelo programa de auditoria.

Com relação ao método, a Norma ISO 19011 apresenta algumas sugestões, as quais podem ser utilizadas de forma individual ou combinada, conforme disposto no Quadro 4.4.

Quadro 4.4 – Métodos de avaliação de auditores

Métodos de avaliação	Objetivos	Exemplos
Análise crítica dos registros	Verificar a formação profissional do auditor	Análise de registros de educação, treinamento, emprego, credenciais profissionais e experiência em auditar
Realimentação	Fornecer informações sobre como o desempenho do auditor é percebido	Pesquisas, questionários, referências pessoais, testemunhos, reclamações, avaliação de desempenho, análise crítica por pares
Entrevista	Avaliar o comportamento profissional e a habilidade de comunicação desejada para verificar informação e testar conhecimento e para adquirir informação adicional	Entrevista pessoal
Observação	Avaliar o comportamento profissional desejado e a capacidade para aplicar conhecimento e habilidades	Desempenho de funções, auditorias de testemunho e desempenho no trabalho
Teste	Avaliar o comportamento, o conhecimento e as habilidades desejadas e sua aplicação	Exames orais e escritos, testes psicométricos
Análise crítica pós-auditoria	Fornecer informações sobre o desempenho do auditor durante as atividades de auditoria, identificar forças e oportunidades para melhoria	Análise crítica do relatório de auditoria, entrevistas com o líder da equipe de auditoria e com a equipe de auditoria e, se apropriado, *feedback* do auditado

Fonte: Elaborado com base em ABNT, 2018d, p. 40.

Independentemente do modelo de avaliação que o responsável pelo processo de auditoria escolher, é preciso ter em mente que os resultados obtidos devem ser utilizados para comparar se o auditor está apresentando evolução no quadro de competências e conhecimentos. Se a resposta for positiva, é importante continuar incentivando e desafiando esse auditor para que ele se mantenha comprometido com seu papel. Se ele apresentar estagnação e até retrocesso, compete ao responsável pelo processo identificar, em parceria com esse auditor, os pontos de melhoria e buscar qualificação para suprir tais necessidades.

A norma finaliza com um material adicional de grande valia para auditores experientes ou em formação: o Anexo A, que apresenta esclarecimentos sobre os pontos da norma, conforme demonstra o Quadro 4.5.

Quadro 4.5 – Anexo A da Norma ISO 19011

	Orientação adicional para auditores planejarem e conduzirem auditorias
A.1	Aplicando os métodos de auditoria
A.2	Abordagem de processo para auditar
A.3	Julgamento profissional
A.4	Resultados de desempenho
A.5	Verificando a informação
A.6 A.6.1 A.6.2 A.6.3	Amostragem Generalidades Amostragem com base em julgamento Amostragem estatística
A.7	Auditoria de *compliance* em um sistema de gestão
A.8	Contexto da auditoria
A.9	Auditoria de liderança e comprometimento
A.10	Auditoria de riscos e oportunidades
A.11	Ciclo de vida
A.12	Auditoria da cadeia de suprimento
A.13	Preparando documentos de trabalho de auditoria

(continua)

(Quadro 4.5 – conclusão)

Orientação adicional para auditores planejarem e conduzirem auditorias	
A.14	Selecionando fontes de informação
A.15	Visitando a localização do auditado
A.16	Auditoria de atividades e locais virtuais
A.17	Conduzindo entrevistas
A.18 A.18.1 A.18.2 A.18.3 A.18.4	Constatações de auditoria Determinando as constatações de auditoria Registrando as conformidades Registrando não conformidades Tratando de constatações relacionadas aos múltiplos critérios

Fonte: Elaborado com base em ABNT, 2018d, p. 41-52.

Esse anexo, mesmo sendo considerado informativo, deve ser entendido como formativo, pois certamente complementa o estudo dos requisitos da norma e aponta como o auditor deve proceder em diferentes situações. Dois pontos relevantes que constam no Anexo A e que serão discutidos aqui são o item A.1 (Aplicando os métodos de auditoria) e o item A.10 (Auditoria de riscos e oportunidades).

4.3
Métodos de auditoria abordados pela norma

Determinar um método para realizar um processo é condição *sine qua non* para obter resultados satisfatórios. Na temática das auditorias, determina-se o método que será empregado e, com base nisso, o planejamento é realizado. Os métodos de auditoria mais comumente utilizados, segundo a Norma ISO 19011, estão descritos no Quadro 4.6. No entanto, é importante compreender que outros métodos podem ser encontrados, dependendo do coeficiente de maturidade do processo de auditoria em que uma organização se encontra.

Quadro 4.6 – Métodos de auditoria – ISO 19011

Extensão do envolvimento entre o auditor e o auditado	Localização do auditor	
	No local	Remoto
Interação humana	<ul><li>Conduzir entrevistas</li><li>Preencher listas de verificação e questionários com a participação do auditado</li><li>Conduzir análise crítica documental com a participação do auditado</li><li>Amostrar</li></ul>	Por meio de comunicação interativa:<ul><li>Conduzir entrevistas</li><li>Observar trabalho realizado com guia remoto</li><li>Preencher listas de verificação e questionários</li><li>Conduzir análise crítica documental com a participação do auditado</li></ul>
Sem interação humana	<ul><li>Conduzir análise crítica documental (por exemplo, registros, análise de dados)</li><li>Observar trabalho realizado</li><li>Conduzir visita no local</li><li>Preencher listas de verificação</li><li>Amostrar (por exemplo, produtos)</li></ul>	<ul><li>Conduzir análise crítica documental (por exemplo, registros, análise de dados)</li><li>Observar o trabalho realizado por meio de monitoramento, considerando requisitos sociais, estatuários e regulamentares</li><li>Analisar dados</li></ul>

Fonte: Elaborado com base em ABNT, 2018d, p. 41.

A norma explica que os métodos de auditoria podem contemplar atividades presenciais ou remotas, razão pela qual o auditor precisa estar preparado para ambas as situações. Esse preparo envolve conhecer e saber utilizar tecnologias que possibilitem interações entre auditor e auditado sem, necessariamente, estarem no mesmo local físico. Na prática, isso já é amplamente aplicado em auditorias financeiras, contábeis, de *compliance*, entre outras, mas nas auditorias da qualidade esse modelo tem sido incorporado mais recentemente. O fato é que toda evidência documental é passível de ser verificada por meio de sistemas informatizados; já os processos de checagem e produção do produto que envolvam mão de obra ainda têm ocorrido no *gemba* (expressão japonesa que se refere ao local onde o processo acontece). Isso é importante porque é sabido que o papel ou o sistema aceita tudo o que for escrito ou digitado, mas o conhecimento do auditor na verificação dos processos para se certificar de que estão garantindo o atendimento aos requisitos da norma ainda é essencial.

4.4
Gestão de risco nas auditorias

A gestão de riscos é um assunto que tem sido discutido em empresas de todos os portes e ramos; por isso, temos reiterado nesta obra que a gestão de riscos foi (ou precisa ser) incorporada à rotina das organizações. Nesse contexto, as auditorias internas ou externas são instrumentos que ajudam as empresas a identificar e compreender os riscos inerentes a seus processos. Em acréscimo, as auditorias permitem verificar como as empresas estão lidando com isso.

A respeito da abordagem de risco, a Norma ISO 19011 reforça que as auditorias têm como atribuições assegurar a credibilidade dos processos de identificação tanto dos riscos quanto das oportunidades que a empresa apresenta. Além disso, a norma determina que a abordagem dos riscos realizada pelas auditorias tem de ser holística e contemplar os elementos internos e externos que impactam as empresas.

Os tipos de risco que as organizações podem identificar em seus processos são:

- **Risco de fraudes** – As empresas podem, propositalmente ou não, participar de processos fraudulentos quando se aliam a fornecedores e clientes que não estão regulares em termos de documentação, participação de licitações duvidosas, desvios de recursos e sonegação de impostos. O resultado de ações como essas é danoso para a imagem da organização, seus resultados financeiros e a satisfação de seus acionistas, podendo redundar em perda de credibilidade.

- **Riscos de *recall*** – Esse risco já foi (e ainda tem sido) a realidade de diversas organizações, principalmente indústrias, mas também pode ocorrer na prestação de serviço. O *recall* é um informe emitido pela empresa reportando que seu produto ou serviço apresenta riscos aos consumidores. Caso ocorra um *recall*, a empresa deve comunicar publicamente o acontecido e responsabilizar-se pelo conserto ou reposição do produto ou, ainda, por uma nova prestação do serviço. Ademais, tem de lidar com todas as questões legais envolvidas.
- **Risco de vazamento de dados** – A preocupação com os dados, principalmente os sensíveis, que pertencem às partes interessadas da empresa, tem sido alvo de discussões em organizações de todo porte e segmento. Afinal, o uso indiscriminado dos dados de clientes gera incômodos e prejuízos para estes. Além disso, a venda de banco de dados de clientes se tornou um negócio, e multiplicaram-se os golpes aplicados às pessoas que tinham seus dados publicados indevidamente. Para conter essa situação e atender às prerrogativas de segurança das informações, as quais já eram adotadas em diversos países do mundo, foi publicada, no Brasil, em 14 de agosto de 2018, a já citada Lei n. 13.709, chamada LGPD. "Esta lei dispõe sobre o tratamento de dados pessoais, inclusive nos meios digitais, por pessoa natural ou por pessoa jurídica de direito público ou privado, com o objetivo de proteger os direitos fundamentais de liberdade e de privacidade e o livre desenvolvimento da personalidade da pessoa natural" (Brasil, 2018). A promulgação da LGPD obrigou as empresas a identificar se os dados dos clientes, dos colaboradores e dos fornecedores correriam riscos de vazamento de alguma maneira, sendo utilizados de forma incorreta, desobedecendo aos artigos da lei.
- **Risco de ataque cibernético** – Não raro as empresas têm seus sistemas informatizados invadidos por *hackers*, os quais,

frequentemente, solicitam um pagamento de "resgate" dos dados por meio de moedas virtuais, ditas *criptomoedas*.

- **Risco da cadeia de suprimentos** – O processo de internacionalização da economia proporcionou diversos benefícios para as empresas, principalmente no que se refere ao custo de produção. Com o passar do tempo, alguns países se especializaram em determinados tipos de produtos e serviços, atingindo alta produtividade e custo baixo. Ao mesmo tempo, houve uma melhoria dos processos logísticos internacionais que garantiam a entrega do produto em qualquer lugar do mundo, propiciando, assim, a internacionalização da cadeia de suprimentos. Essa estratégia estimulou as empresas no mundo todo a importar mais do que produzir, o que redundou num processo de desindustrialização, como se observou no Brasil. Robson Braga de Andrade (2021), empresário e presidente da Confederação Nacional da Indústria (CNI), declarou que "Nossa indústria de transformação encolheu, em média, 1,6% ao ano, na última década e sua participação no PIB do país caiu de 15% em 2010 para cerca de 11% em 2020". Com base nessa abordagem (que não é única), é possível compreender que uma cadeia de abastecimento internacionalizada oferece riscos para o processo produtivo, pois pode resultar na falta de matéria-prima para as indústrias brasileiras produzirem seus bens. Ainda, pode desabastecer os varejistas, que já importam produtos prontos para revenda.

- **Risco de acidentes ambientais** – Mesmo que uma empresa seja certificada pela ISO 14001, o risco de acidentes ambientais nos processos industriais e na prestação de serviços existe. Assim, compete ao profissional de auditoria preparar-se para identificar os riscos que a empresa tem e talvez ainda não tenha percebido. A Norma ISO 19011 foi remodelada em sua atualização de 2018 exatamente para contemplar as auditorias da série 14000. É de suma relevância a identificação de tais riscos, pois, na prática, podem prejudicar toda a comunidade na qual a empresa está inserida.

- **Risco de acidentes de trabalho**: Ainda que uma empresa seja certificada pela Norma ISO 45001 e mantenha uma equipe de saúde e segurança do trabalho com responsável técnico, os riscos de acidentes de trabalho e de doenças ocupacionais existem. Por isso, à empresa competem a identificação e a tratativa de seus riscos e ao processo de auditoria cabe a verificação de como essa temática tem sido tratada.

Os riscos citados aqui são apenas alguns exemplos, pois cada empresa tem sua realidade, e o que precisa ficar claro é a contribuição do auditor e das auditorias nesse contexto. Um programa de auditoria bem-estruturado pode contribuir para a empresa identificar os aspectos internos e externos de seu negócio com o propósito de usá-los como vantagem competitiva e apoio para seus programas de governança corporativa.

Pela importância da temática, as empresas têm buscado conhecer a Norma ISO 31000, que trata da gestão de risco e fornece os direcionamentos necessários não somente para obter a certificação, mas também para lidar melhor com os riscos do negócio. Para isso, Maffei (2015) sugere observar as seguintes premissas:

- **Função das organizações: gerar valor às partes interessadas** – Geração de valor não é só produção de lucros; é também construção de um ambiente de negócios que proporcione a longevidade e a competitividade da organização, promova o bem-estar dos colaboradores, tenha utilidade para a sociedade e muitos outros requisitos.
- **Incertezas: riscos e oportunidades (qual é o nível aceitável?)** – Esses dois conceitos estão ligados, e o nível de aceitação de riscos (também chamado de *apetite a risco*) é determinante para estabelecer até que ponto a organização alcançará as oportunidades que se apresentam.

- **Para atingir os objetivos da organização: gerenciamento de riscos** – Gerir os riscos, portanto, é um meio de manter sob controle as ameaças que possam impedir a organização de alcançar seus objetivos. Para tanto, é conveniente ter uma estrutura de controle interno adequada e clareza para a tomada de ação quando identificados os riscos em coeficientes aceitáveis ou fora do máximo de risco definido pela alta administração.

Entre as premissas sugeridas pelo autor, as duas primeiras competem à área de gestão da organização (alta e média gerência), ao passo que a terceira requer o apoio das auditorias internas e externas para apontar se os coeficientes de risco estão em conformidade com o proposto pela organização.

4.5
Ciclo das auditorias

Temos reiterado ao longo deste capítulo a importância de formar auditores internos e externos, razão pela qual examinamos as diretrizes da Norma ISO 19011, que é a ferramenta essencial para a formação desses profissionais. Tratamos, ainda, dos métodos de auditoria abordados pela norma e refletimos sobre a gestão de riscos e sua importância para o contexto organizacional. Agora, convém considerarmos o ciclo das auditorias, o qual foi mencionado em outros momentos.

O auditor interno ou externo precisa conhecer as principais etapas do processo de auditoria, o que serve de base para o planejamento de suas atividades. Uma prática comum para organizar o ciclo das auditorias é o uso do PDCA (*Plan, Do, Check, Act*, ou planejar, fazer, verificar e agir). Por sua versatilidade e facilidade de entendimento, o PDCA é utilizado para representar visualmente diversos processos, principalmente de melhoria. No caso do ciclo das auditorias da qualidade, podemos compreender essas fases de acordo com o exposto no Quadro 4.7.

Quadro 4.7 – Modelo conceitual do ciclo de auditoria

Fase	Abordagem restrita
Plan	▪ Planejar as auditorias ▪ Escolher o método, que pode ser o da norma ou outro ▪ Preparar *checklist* de requisitos (aqueles que serão verificados por processo) ▪ Convocar auditores já qualificados para aquele ciclo ▪ Distribuir tarefas e documentos, definir o auditor líder daquele ciclo
Do	▪ Fazer as auditorias ▪ Ir ao *gemba* dos processos previstos ▪ Colher informações por meio das entrevistas aplicadas aos colaboradores ▪ Identificar se os requisitos da norma são atendidos pela empresa ▪ Preencher o *checklist*, que pode ser físico ou digital
Check	▪ Verificar se as práticas da empresa atendem aos requisitos da norma ▪ Ponderar os riscos identificados e escolher os relevantes ▪ Anotar os pontos fortes e fracos, as oportunidades e as ameaças identificados ▪ Avaliar se os processos da empresa estão aderentes aos requisitos da norma
Act	▪ Realizar reunião de análise crítica com as partes interessadas ▪ Exibir os resultados das auditorias com os devidos apontamentos ▪ Enfatizar os pontos positivos e pontuar as oportunidades de melhoria ▪ Acordar com os gestores a implantação de planos de ação ▪ Encerrar o ciclo da auditoria em andamento

Evidenciamos nesse quadro algumas atividades dos ciclos das auditorias realizadas em um processo-padrão, as quais são consideradas restritas porque estão organizadas de acordo com cada fase do PDCA. Não é necessário que ocorra exatamente dessa forma, mas esse é um exemplo que pode ser replicado ou adaptado por gestores dos processos de auditorias em empresas de diferentes segmentos.

No Quadro 4.8, listamos alguns pontos importantes da organização de um ciclo de auditoria.

QUADRO 4.8 – Pontos do ciclo de auditoria

Fase	Abordagem ampla
Planejamento	**4 pontos essenciais** 1 – Início da auditoria 2 – Análise crítica dos documentos 3 – Preparo das atividades de auditoria no local 4 – Notificação da organização auditada
Realização	**3 pontos essenciais** 1 – Condução da reunião de abertura 2 – Condução da auditoria (das auditorias) 3 – Condução da reunião de encerramento
Acompanhamento	**5 pontos essenciais** 1 – Composição do relatório de auditoria 2 – Conclusão da auditoria 3 – Acompanhamento das ações corretivas 4 – Realização da auditoria de acompanhamento 5 – Realização da visita de supervisão (manutenção)

FONTE: Elaborado com base em Silva, 2018.

Esse quadro serve como um *checklist* das atividades-chave a serem desenvolvidas em cada ciclo de auditoria pelo responsável pelo processo de auditoria e sua equipe. Cada uma dessas atividades pode ser expandida, o que exige o empenho de toda a equipe para a realização do ciclo de auditoria por completo, no prazo previsto e com a qualidade requerida.

Síntese

Iniciamos este capítulo discutindo a importância de as organizações capacitarem colaboradores para se tornarem auditores ou constituírem equipes de auditoria. Tendo em vista esse contexto, explicamos que, embora seja uma exigência as empresas certificadas passarem por auditorias frequentes, elas podem optar pelo modelo de terceirização ou de formação de equipe interna de auditoria. O modelo mais comumente encontrado nas organizações é a formação de uma equipe interna para essa tarefa.

A respeito do auditor externo, também chamado *independente*, destacamos que se trata de uma profissão remunerada, exigindo formação específica. Nessa condição, o auditor geralmente é um prestador de serviços para os Organismos de Avaliação de Conformidade (OACs).

Discorremos sobre a Norma ISO 19011, um artefato de conhecimento essencial para o futuro auditor. Tratamos dos capítulos da norma e fizemos alguns comentários para que o profissional que almeja se tornar auditor conheça os temas contidos na norma. Para finalizar, apresentamos a aplicação do PDCA para a organização de um ciclo de auditoria.

Questões para revisão

1. As auditorias da qualidade exigem profissionais qualificados em diversas áreas do conhecimento, pois certamente atuarão em empresas que adotam diferentes processos produtivos e de atendimento ao cliente. Essas auditorias podem ser internas ou externas. Explique a diferença entre elas.

2. Um tema que está em evidência nas organizações no mundo todo é a gestão de riscos. Os órgãos que formulam e atualizam as normas, conscientes dessa nova necessidade, incluíram nas últimas versões a abordagem de risco. Os tipos de risco variam conforme o segmento da organização; por isso, compete aos auditores estudar os tipos que podem encontrar nas empresas em que as auditorias serão realizadas. Um dos riscos que comumente preocupam as empresas é o *recall*. Explique que tipo de risco é esse.

3. A empresa que obtém uma certificação, como as da família ISO ou IATF, tem a necessidade de constituir uma equipe com auditores internos para que eles mantenham as boas práticas e o cumprimento das operações por meio das auditorias regulares.

Duas formas comumente utilizadas para a composição dessa equipe são:
a) grupo de melhoria e grupo de líderes.
b) equipe *kaizen* e grupo de auditoria interna.
c) setor de SGQ e colaboradores terceirizados.
d) Círculo de Controle de Qualidade e grupo de melhoria.
e) colaboradores voluntários e setor específico de auditoria.

4. A formação de um auditor, interno ou externo, demanda tempo porque exige formação específica para o conhecimento das normas e sua prática na realização de auditorias. O principal material estudado por um auditor é a Norma ISO 19011, porque:
   a) dominar essa norma é suficiente para se tornar um auditor externo.
   b) habilita o auditor a realizar auditorias em quaisquer tipos de empresa.
   c) contém as diretrizes para que o auditor possa auditar os sistemas de gestão.
   d) a norma é de fácil leitura e aplicação, sendo uma rápida leitura suficiente.
   e) apresenta os requisitos do SGA e da segurança do trabalho.

5. A Norma ISO 19011 elenca os princípios aplicáveis nas auditorias, os quais devem ser de domínio dos auditores. São eles: integridade, apresentação justa, devido cuidado profissional, confidencialidade, independência, abordagem baseada em evidência e abordagem baseada em risco. A respeito do devido cuidado profissional, é correto afirmar que esse princípio:
   a) recomenda que o auditor realize auditorias em setores diferentes de onde ele trabalha.
   b) contempla um conjunto de posturas que abrange palavras-chave às quais o auditor precisa atentar.

c) determina que o auditor tem de cuidar dos dados e informações das organizações.
d) lembra que o auditor precisa indicar riscos e oportunidades nos processos auditados.
e) indica que, no exercício de sua função, o auditor deve deixar o auditado à vontade e evitar julgamentos de valor.

Questões para reflexão

1. Uma auditoria interna ou externa realizada de maneira adequada pode conferir maior transparência às operações, algo que a empresa necessita demonstrar ao mercado, que valoriza aspectos de *compliance* e de governança corporativa. Nesse contexto, reflita sobre como o auditor pode contribuir para o alcance desses objetivos.

2. Para que um auditor inicie seu processo de capacitação, o estudo aprofundado da Norma ISO 19011 é uma exigência. Entre os princípios que devem ser compreendidos e aplicados pelos auditores, a abordagem baseada em risco está em evidência. Realize uma autoanálise, identificando-se como uma pessoa que já tem a cultura de avaliar os riscos de suas atividades profissionais ou como alguém que precisa desenvolver essa habilidade.

5

Capacitação de auditores

Conteúdos do capítulo:

- Por que ser auditor.
- Conhecimento necessário para a função de auditor.
- Competências, habilidades e atitudes do auditor.
- Papéis no contexto da auditoria: auditor, auditor líder, equipe de auditoria.

Após o estudo deste capítulo, você será capaz de:

1. identificar o conhecimento basilar do auditor;
2. elencar as competências, habilidades e atitudes do auditor;
3. interpretar os papéis dos auditores.

A área de auditoria interna ou externa está em crescimento em virtude dos novos modelos de gestão adotados pelas organizações. Na atualidade, as empresas têm implementado áreas como governança corporativa, *compliance*, gestão de riscos, gestão de dados e informações, *e-commerce*, entre outros. Assim, além das áreas já comumente auditadas, como contabilidade, financeiro, qualidade, gestão de pessoas e processos fabris, essas novas áreas também necessitam entrar no circuito das auditorias.

Tendo isso em vista, analisaremos neste capítulo alguns motivos que levam os profissionais de diferentes áreas do conhecimento a se tornarem auditores. Também enfocaremos as competências, habilidades e atitudes necessárias para essa formação. Ademais, abordaremos diversas ferramentas e metodologias que são comumente utilizadas como suporte na realização das auditorias.

5.1
Por que ser auditor?

Antes de responder à pergunta-título desta seção, convém esclarecermos a distinção entre auditor interno e externo.

Segundo Souza (2019, p. 39), "auditor interno é o profissional que tem a competência e autoridade para realizar uma auditoria, com a anuência do responsável pela área de Auditoria Interna da organização, obedecendo ao estatuto, às normas e técnicas inerentes a atividade". Já auditor externo, conforme Dias (2015, p. 4), é o profissional que

> atua como um prestador de serviço junto a uma empresa contratante para execução de algum projeto de auditoria. O auditor externo tem o seu trabalho caracterizado pela total independência, uma vez que se trata de um prestador de serviço contratado, sem qualquer vínculo com a empresa auditada.

Essa citação evidencia a principal diferença em relação ao auditor interno: este é um colaborador da empresa e, por isso, segue algumas regras e desenvolve um escopo de trabalho direcionado para a realidade da organização.

A profissão de auditor, que até pouco tempo atrás estava mais voltada para as áreas contábeis e financeiras, na atualidade tem oferecido oportunidades em outras áreas, como:

- **Auditoria de gestão** – "Cumpre o exame e a avaliação sobre sistemas políticos, critérios e procedimentos utilizados pela empresa na sua área de planejamento estratégico, tático e, principalmente, nos processos decisórios de suas operações" (Dias, 2015, p. 9).
- **Auditoria ambiental** – Visa checar a adequação dos procedimentos e normas que tratam dos impactos e dos riscos de danos ambientais, a fim de manter a empresa ciente para criar os planos contingenciais (Lins, 2014).

- **Auditoria da qualidade** – É um "processo sistemático e documentado visando identificar possíveis problemas (riscos) e oportunidades de melhorias relacionadas direta ou indiretamente à melhoria da qualidade dos produtos" (Lins, 2014, p. 9).
- **Auditoria de tecnologia da informação (TI)** – "Compreende o exame e avaliação dos processos de planejamento, desenvolvimento, teste e implantação dos sistemas informatizados da empresa, visando à avaliação de estruturas lógicas, físicas e ambientais" (Dias, 2015, p. 9).
- **Auditoria de *compliance*** – Objetiva identificar o coeficiente de conformidade da empresa na prevenção dos riscos do não atendimento a diversas regras inerentes e impactantes ao negócio, como leis nacionais e internacionais, bem como do não atendimento aos regramentos internos determinados pela própria empresa, como Procedimento Operacional Padrão (POP), políticas da empresa e normas internas.
- **Auditoria tributária** – "Objetiva o exame e avaliação do planejamento tributário e a eficácia dos procedimentos e controles adotados para operação, pagamento e recuperação de impostos, tributos, taxas e quaisquer outros ônus de natureza fisco-tributária, que incidam nas operações nos bens e documentos da empresa" (Dias, 2015, p. 8).
- **Auditoria governamental** – "É um conjunto de técnicas que buscam avaliar a gestão pública por meio de processos e resultados gerenciais e a aplicação de recursos públicos, mediante confrontação entre uma situação identificada com critério técnico, operacional ou legal" (Souza, 2019, p. 20).

Esse último item indica que os auditores podem também trilhar carreira pública, uma vez que as empresas públicas são passíveis de serem auditadas.

As empresas têm estruturado setores internos de auditoria para ampliar a garantia de que estão realizando suas atividades dentro da conformidade. Já no que se refere às auditorias externas, as empresas de consultoria e os órgãos certificadores têm a necessidade de contar com profissionais capacitados. Nesse sentido, Maffei (2015, p. 207) assevera que a responsabilidade do auditor interno aumentou muito porque sua opinião é "um balizamento importante na tomada de decisão e na confiança que os interessados têm na sua avaliação". Já com relação aos auditores externos, o autor ressalta que há uma "posição de grande responsabilidade assumida pelos auditores independentes, na medida em que transmitem, por meio da sua opinião, a confiança necessária aos acionistas de uma entidade" (Maffei, 2015, p. 207).

Quanto à função dos auditores internos da qualidade, as organizações normalmente trabalham sob duas perspectivas:

1. **Setor específico de auditoria** – Muitas empresas, principalmente de grande porte, estruturam um setor exclusivo para cuidar das auditorias. Assim o fazem porque geralmente são certificadas por mais de uma norma e necessitam de colaboradores que se dediquem com exclusividade aos processos de auditoria. Nesses casos, os auditores, mesmo internos, são remunerados e contratados como auditores de qualidade, ou auditores de Sistema de Gestão Integrada (SGI). Esses profissionais, em geral, já chegam às empresas com certa capacitação, principalmente em auditoria interna, e experiência, mas a qualificação de auditores precisa se manter constante para acompanhar as alterações dos produtos/serviços e do mercado.

2. **Auditores internos voluntários** – Empresas de médio e pequeno porte nem sempre têm condições de manter um setor exclusivo para auditoria; assim, utilizam o modelo de voluntariado e grupos de melhorias. Nesse caso, o colaborador é qualificado (da mesma forma que na situação 1) para ser um auditor interno, mas ele realiza isso "sob demanda". Isso significa dizer que tal profissional desempenha suas atividades no setor em que está alocado e, quando inicia um ciclo de auditoria interna, participa do processo como auditor.

Como benefícios de se tornar um auditor interno da qualidade na condição de voluntário, podemos citar:

- **Visão holística do negócio da empresa** – Com a participação nos ciclos de auditorias, o auditor interno começa a transitar entre os setores, ler e compreender os manuais de procedimentos e as instruções de trabalho e, desse modo, visualiza como a empresa funciona de ponta a ponta. Isso não quer dizer que o auditor terá acesso às informações estratégicas da empresa, mas que ele poderá compreender por que a gestão da empresa age de determinada maneira e toma certas decisões.
- **Compreensão das operações da empresa** – Outra vantagem para os auditores é compreender como a empresa está estruturada em suas operações, podendo reconhecer, por exemplo: qual é o *input* para a empresa iniciar o desenvolvimento de um novo projeto ou quais são os processos envolvidos e os resultados (*output*) esperados com tal empreendimento. Por meio das auditorias, é possível checar o grau de aderência da gestão com os projetos em andamento, incluindo a verificação do uso adequado dos recursos.
- **Conexão entre os departamentos** – Esse é um conhecimento de extrema importância para o auditor, e ele o adquire com a frequente participação nos ciclos de auditorias. Aos poucos, o auditor interno começa a compreender como os departamentos se comunicam (ou não) e quais são os impactos das ações e decisões de seus gestores. Além disso, o auditor tem chances de identificar se os gestores e os colaboradores se entendem como cliente interno e fornecedor interno e se a empresa está organizada conforme a gestão por processos (horizontalizada) ou a gestão funcional (verticalizada).
- **Reconhecimento profissional** – Um auditor interno é visto como um colaborador multitarefa que entende o contexto da organização e está preparado para identificar e propor melhorias de processo.

Pelo ponto de vista das empresas, contar com auditores internos da qualidade, sejam contratados, sejam voluntários, rende alguns benefícios, como:

- contribuição para a construção da cultura da qualidade da organização;
- se for uma indústria, contribuição para a garantia da qualidade na fabricação de produtos que atendam às perspectivas do cliente final;
- em uma prestadora de serviços, análise das condições do atendimento aos clientes e comparação com o preestabelecido, além da apresentação de sugestões de melhorias nos processos;
- se for um varejista (supermercado, lojas de departamento, materiais de construção, decoração, entre outros), ampliação do atendimento, adequação da disponibilidade dos produtos para venda, quando o cliente necessita, e manutenção do padrão da rede da empresa.

No que concerne ao auditor externo, a atuação nessa função é uma oportunidade que está em crescimento, porque cada vez mais as empresas estão negociando no âmbito internacional, abrindo capital na bolsa de valores, participando de fusões e aquisições, licitações e consórcios. Por essa razão, necessitam de serviços especializados de auditoria e consultoria para avaliar se estão atuando dentro da conformidade.

A área de auditoria externa tem exigido profissionais de diversas áreas do conhecimento e que, preferencialmente, consigam atuar de maneira multidisciplinar e contribuir com opiniões mais abrangentes sobre diferentes temas. Por exemplo, um auditor externo apto a auditar uma organização que já é certificada pelas normas ISO 9001, 14001 e 45001 certamente fará a leitura de que a empresa conta com um SGI robusto. Ademais, ele terá de compreender as conexões entre esses três grandes temas (gestão da qualidade, meio ambiente, saúde e segurança do trabalho) e realizar uma auditoria combinada. Mesmo que um auditor externo não seja *expert* nos três temas, ele precisa ter certo conhecimento para auditar uma empresa nessa condição.

Além de ser um profissional remunerado por sua atuação, o auditor externo tem como benefícios:

- conhecimento de segmentos de negócios distintos;
- conhecimento de diferentes empresas com culturas diversas;
- rotina diferenciada, pois sempre se vê diante de novos desafios;
- aprendizado sobre diferentes processos, o que requer mais preparação;
- reconhecimento profissional, contribuindo para o aumento da confiança das empresas;
- possibilidade de viajar para diversos municípios, estados e até países, dependendo do porte da empresa para a qual trabalha ou da empresa que auditará;
- autonomia para avaliar processos e indicar os pontos que necessitam de melhoria, sem a preocupação de desagradar determinado encarregado, gerente, entre outros.

Para que os auditores possam atuar, interna ou externamente, é necessário que adquiram conhecimentos que os preparem para o exercício da função. Alguns desses conhecimentos serão tratados a seguir.

5.2
Conhecimentos requeridos de um auditor

Embora o conhecimento do auditor deva ser compreendido como um processo em constante construção, é preciso que haja um ponto de partida. A formação acadêmica do auditor depende da área em que ele atua, mas as mais comuns são: contabilidade, gestão financeira, administração, economia, direito, engenharia, química, entre outras.

A formação acadêmica é importante porque é a garantia de que o auditor já tem um conhecimento prévio de ferramentas, técnicas, metodologias e procedimentos comumente ensinados nos cursos de graduação. Para iniciar a carreira de auditor externo, ter um curso de graduação é a exigência mínima; no entanto, no caso de auditores internos, é possível encontrar profissionais competentes (principalmente os voluntários) com formação em cursos técnicos, de nível médio. Isso é uma realidade para as auditorias da qualidade, mas não para as auditorias contábeis, por exemplo, pois, para realizar uma auditoria contábil, mesmo interna, é preciso ser contador. Mesmo nas auditorias da qualidade, se esse profissional pretende ascender na carreira de auditor, terá de buscar uma graduação e outros cursos de formação.

Quanto ao conhecimento específico do auditor, este começa a ser construído com o estudo minucioso da Norma ISO 19011, que trata das diretrizes para auditoria de sistemas de gestão e já foi abordada em capítulo anterior. Também é imprescindível o curso de interpretação da norma que ele pretende auditar, como a ISO 9001, referente ao Sistema de Gestão da Qualidade (SGQ). Para isso, o profissional deve realizar cursos de formação com carga horária mínima para atingir os objetivos de aprendizado.

No curso da Norma ISO 19011, o auditor tem contato com as técnicas e práticas de auditoria e simulações para mensurar o grau de entendimento dos conteúdos nela presentes. Já no curso de interpretação da norma, o futuro auditor aprende como aplicar o conhecimento adquirido ao estudar a ISO 19011.

No caso dos auditores externos, o conhecimento é mais abrangente porque, além da qualificação acadêmica e do curso sobre as normas que auditará, tem de comprovar experiência prática na área em que pretende atuar. A exigência da experiência na área é um dos fatores que explicam o fato de muitos auditores externos iniciarem seu percurso como auditores internos.

No que concerne ao conhecimento necessário à realização de auditorias da qualidade, é importante que os auditores (internos e externos) conheçam e saibam utilizar ferramentas de gestão e de qualidade como suporte à realização dos ciclos das auditorias. Ademais, os processos podem conter diversas ferramentas implementadas para dar suporte à análise, avaliação e tomada de decisão, o que exige que o auditor as conheça.

Entre as ferramentas de gestão mais usuais e que os auditores precisam dominar estão as que detalharemos na sequência.

Matriz SWOT

SWOT é a sigla para os termos em inglês *strengths*, *weaknesses*, *opportunities* e *threats*; o equivalente em português é a sigla Fofa, que reúne as iniciais das palavras *forças, oportunidades, fraquezas* e *ameaças*.

A referida matriz serve para que os gestores avaliem e conheçam a empresa considerando os ambientes internos e externos. Ela pode ser utilizada também pelo auditor para realizar uma autoanálise em relação a seus conhecimentos, competências e habilidades, ou seja, para conhecer suas *hard skills* (formação técnica e acadêmica, algo como "saber fazer") e *soft skills* (habilidades inerentes à pessoa, como criatividade, empatia, entre tantas outras, algo mais voltado ao "saber ser").

A Figura 5.1 mostra o modelo conceitual da matriz SWOT, o qual pode ser utilizado em diversas situações, mas, no contexto de auditoria interna de qualidade, pode ser empregado para detectar se a alta direção da empresa considerou os riscos na construção de seu planejamento estratégico (PE).

Figura 5.1 – Modelo conceitual da matriz SWOT

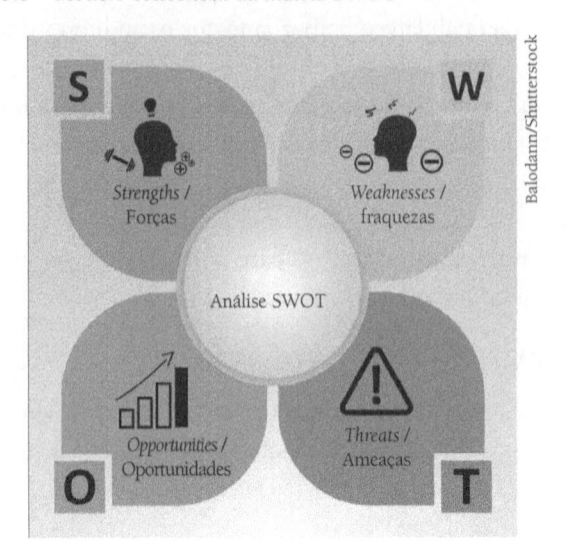

Conforme expusemos em capítulos anteriores, uma das mudanças mais representativas das normas atualizadas a partir de 2015 foi a inclusão da abordagem de gestão de riscos e oportunidades dos negócios. Nesse sentido, a matriz SWOT tem sido utilizada como ferramenta de apoio, assim como outras ferramentas.

Ciclo PDCA

PDCA é a sigla para os termos em inglês *plan*, *do*, *check* e *act* (que significam "planejar", "fazer", "verificar" e "agir"). Também é conhecido como *ciclo de melhoria contínua* e, ainda, como *ciclo de Deming*, por ter sido popularizado pelo ícone da área da qualidade: Edwards Deming (1900-1993).

Trata-se de uma ferramenta simples de utilizar e que integra o contexto das auditorias, uma vez que as normas que comentamos nesta obra a empregam como base estrutural, o que pode ser constatado na apresentação dos requisitos das normas ISO 9001, 14001 e 45001 e da IATF 16949, aqui apresentadas. Por isso, o PDCA aparece em diferentes pontos do material, evidenciando que um auditor interno ou externo tem de interpretar o uso dessa ferramenta nas organizações ou processos auditados.

5W2H

Essa ferramenta também é simples de compreender, além de ser extremamente versátil, podendo ser empregada em diversos contextos.

Consiste em um quadro com sete perguntas, o qual serve como um plano de ação ou um mapeamento da falha, e o auditor certamente verá algum aplicado nos processos que serão auditados. O nome da ferramenta faz menção às questões propostas considerando-se os seguintes pronomes interrogativos em inglês (cinco deles iniciados com W e dois com H): *what, who, why, where, when, how, how much* (em português, o quê, quem, por quê, onde, quando, como, quanto).

O Quadro 5.1 apresenta um modelo conceitual da ferramenta 5W2H, a qual pode ser adaptada pelos profissionais de acordo com sua realidade.

Quadro 5.1 – Modelo conceitual de 5W2H

Processo/Subprocesso: Equipe: Fenômeno inicial:	Data: __/__/__
What? (O quê?)	Com o que o fenômeno se parece?
Who? (Quem?)	Quem é o afetado?
Where? (Onde?)	Onde ocorre o fenômeno?
When? (Quando?)	Quando os fenômenos ocorrem?
Why? (Por quê?)	Por que essa operação foi executada desta maneira?
How? (Como?)	Há alguma instrução-padrão?
How much? (Quanto?)	Quanto a solução custará?

Fonte: Elaborado com base em Silva; Silva, 2017, p. 95.

No quadro, exemplificamos as questões que podem ser lançadas na aplicação do 5W2H diante da análise de uma falha detectada em determinado processo. O auditor pode se deparar com um registro desses em uma auditoria nos processos operacionais ou, até mesmo, em uma auditoria realizada nos processos da alta direção.

Programas de melhoria como a filosofia 5S, 10S e 5S virtual

É consenso que, em gestão, quando ocorrem mudanças no universo empresarial, tudo evolui. Isso engloba o avanço da tecnologia, o surgimento de modelos de gestão, a exigência de novas competências dos profissionais e a evolução de técnicas, ferramentas e metodologias, as quais são adaptadas, modificadas e atualizadas para a nova realidade. Esse foi o caso da filosofia 5S, que, embora tenha surgido no Japão após a Segunda Guerra Mundial, ainda é extremamente atual e útil para as organizações. Assim é porque ela aborda temas atemporais, como a eliminação de desperdícios e o uso adequado de recursos.

De acordo com essa filosofia, para iniciar um processo de melhoria, é preciso "arrumar a casa", e isso é feito por meio dos cinco passos iniciais (cinco sensos), quais sejam:

1. *Seiri* – seleção e descarte
2. *Seiton* – organização
3. *Seiso* – limpeza
4. *Seiketsu* – higiene e saúde
5. *Shitsuke* – disciplina

Como a filosofia foi adotada por empresas no mundo todo, ela foi incrementada para contemplar novas necessidades das organizações. Assim, os 5S foram ampliados para 10S, sendo os sensos complementares os que seguem:

6. *Shikari Yaro* – determinação e união
7. *Shido* – aprendizado e treinamento
8. *Setsuyako* – economia e combate ao desperdício

9. *Shisei Rinri* – princípios morais e éticos
10. *Sekinin Shakai* – responsabilidade social

Mais recentemente, a filosofia foi adaptada para a versão digital, chamada de 5S *virtual*, graças à percepção de que é possível utilizar a ferramenta para manter o ambiente virtual limpo e organizado. Outra situação que evidenciou a importância dessa abordagem do 5S foi o aumento do *home office*. Isso porque muitas empresas têm optado por manter os colaboradores trabalhando de forma remota (em suas residências) e, nessa conjuntura, a organização dos documentos compartilhados em rede é essencial para manter a produtividade.

Matriz GUT

GUT é a sigla para os termos *gravidade*, *urgência* e *tendência*. A ferramenta é também conhecida como *matriz de priorização* e ajuda a determinar por onde começar uma melhoria ou resolver um problema atribuindo notas a elementos qualitativos.

No Quadro 5.2, reunimos os elementos observados na construção de uma matriz GUT. Por sua vez, no Quadro 5.3, apresentamos o modelo conceitual de tal ferramenta aplicado a algumas situações corriqueiras em uma cozinha de restaurante.

Quadro 5.2 – Elementos para a construção da matriz GUT

Como priorizar?			
Nota	Gravidade	Urgência	Tendência
5	Extremamente grave	Extremamente urgente	Se não for resolvido, vai piorar imediatamente
4	Muito grave	Muito urgente	Vai piorar no curto prazo
3	Grave	Urgente	Vai piorar no médio prazo
2	Pouco grave	Pouco urgente	Vai piorar no longo prazo
1	Sem gravidade	Sem urgência	Sem tendência de piorar

Quadro 5.3 – Modelo conceitual da matriz GUT aplicado

Matriz de priorização: G × U × T					
Problemas	G	U	T	Total	Priorização
Piso escorregadio próximo do fogão	5	4	3	60	2º
Forno elétrico tem apresentado falhas frequentes	5	4	4	80	1º
Alto gasto com temperos e condimentos	1	2	1	3	4º
Utensílios espalhados em diferentes gavetas	3	2	3	18	3º
Uniformes em más condições de conservação	2	1	1	2	5º

Na prática, são os envolvidos no processo de análise de problemas que determinam quão grave e urgente é cada elemento e qual é a tendência que ele apresenta. No caso dos problemas identificados na cozinha do restaurante, todos são relevantes; no entanto, fica claro que alguns precisam ser solucionados mais rapidamente. Na matriz GUT aplicada aos problemas identificados, percebe-se que a pontuação maior ficou para o forno elétrico, o que faz sentido, uma vez que, em uma cozinha, ele é um dos principais recursos para o preparo das refeições. Observe que o problema que ficou em 2º lugar de priorização foi o piso escorregadio, que pode causar algum acidente com os colaboradores.

Na realidade das auditorias, é bem provável que os auditores se deparem com matrizes GUT aplicadas nos setores auditados. Diante disso, o conhecimento de sua aplicação é necessário, até para que possa compreender melhor qual modelo de gestão a empresa segue.

Matriz de avaliação de risco

Também conhecida como *matriz de probabilidade e impacto*, é uma ferramenta de grande utilidade para profissionais que desejam conhecer os riscos de um processo, de uma operação completa ou do negócio da empresa.

Reiteramos que a gestão de risco passou a fazer parte da realidade de muitas organizações após a atualização das normas ISO (International Organization for Standardization), as quais passaram a contemplar em seus requisitos o modo como a empresa lida com os riscos.

Uma matriz de risco pode ter o formato de um gráfico, quadro ou tabela, conforme a Figura 5.2. O importante é que seja um instrumento visual, para que o profissional possa compreender rapidamente quais são os principais riscos e oportunidades de sua atividade. Também para o auditor é útil para visualizar como a empresa lida com essas situações.

Figura 5.2 – Modelo conceitual de uma matriz de risco

Coeficiente de Incidência (ameaça)	Extremo (CIM > 150% CIE)	Risco moderado	Risco alto	Risco alto	Risco extremo
	Severo (CIM < 150% CIE)	Risco moderado	Risco moderado	Risco alto	Risco alto
	Moderado (CIM <= 100% CIE)	Risco baixo	Risco moderado	Risco moderado	Risco alto
	Leve (CIM <= 50% CIE)	Risco baixo	Risco baixo	Risco moderado	Risco moderado
Coeficiente de Incidência Número de incidência do município CIM – Coeficiente de Incidência do Município CIE – Coeficiente de Incidência do Estado		Adequado (0 a 50%)	Alerta (51 a 80%)	Crítico (81 a 90%)	Plano de crise (acima de 90%)
		Taxa de ocupação de leitos UTI – Estado (vulnerabilidade)			

Fonte: Espírito Santo, 2022.

Essa matriz de gestão de risco foi construída para que o governo do Estado do Espírito Santo pudesse se organizar para enfrentar a pandemia do coronavírus, que nos primeiros meses de 2020 ainda era uma incógnita em números de possíveis infectados e com relação à quantidade de leitos disponíveis em unidades de terapia intensiva (UTIs).

O exemplo apresentado na Figura 5.2 retrata como a ferramenta foi utilizada para avaliar os impactos na infraestrutura da saúde dos municípios e, consequentemente, do estado. O mapeamento de risco considerou o Coeficiente de Incidência do Município (CIM) como ameaça e a taxa de ocupação dos leitos de UTI como vulnerabilidade.

Muitas outras ferramentas de gestão ou metodologias poderiam ser apresentadas, mas, na prática, o auditor, por meio das constantes capacitações que terá ao longo da carreira, certamente conhecerá e aprenderá a aplicar muitas outras.

Convém, então, tratarmos de outro grupo de ferramentas ou metodologias importantes para o auditor, interno ou externo, o das ferramentas da qualidade. No Quadro 5.4, apresentamos brevemente o conceito das sete ferramentas básicas para que o auditor em formação tenha ao menos um conhecimento mínimo sobre elas. Esclarecemos que, para aplicá-las e interpretar os resultados obtidos, é necessário fazer um curso específico para esse fim.

QUADRO 5.4 – Sete ferramentas básicas da qualidade

Ferramentas	Descrição	Aplicação
Checklist	• Formulário em formato de planilha, tabela, lista, que pode ser impresso ou construído no momento do uso pelo colaborador	• Gestão visual • Coleta de dados para verificação e análise
Diagrama de Pareto	• Gráfico de barras verticais que agrupa os dados (frequência, custo e tempo) do maior para o menor	• Gestão visual • Identifica falhas e a frequência com que ocorrem

(continua)

(Quadro 5.4 – conclusão)

Ferramentas	Descrição	Aplicação
Diagrama de Ishikawa	- Representação gráfica em formato de espinha de peixe - Apresenta seis elementos: mão de obra, meio ambiente, material, máquina, método e medida	- Gestão visual - Busca identificar a causa raiz e entender o conceito de causa e efeito
Histograma	- Gráfico de barras ou colunas que contém um conjunto de dados - São seis os modelos comumente utilizados - Apresenta classe e frequência dos dados e permite encontrar os valores centrais e sua dispersão	- Gestão visual - Útil para perceber variações nos processos - Ajuda a avaliar a distribuição e o comportamento dos dados
Estratificação	- Representação gráfica que pode ter diferentes formas, como pirâmide, tabela, quadro, gráfico de *pizza* ou outro formato de apresentação	- Gestão visual - Busca organizar os dados em grupos distintos para que possa ser identificado algum padrão entre eles
Diagrama de dispersão	- Gráfico que aponta o coeficiente de intensidade entre duas variáveis, se impacta negativamente ou positivamente ou se o impacto é nulo	- Gestão visual - Busca evidenciar o relacionamento entre duas variáveis
Gráficos de controle	- Gráficos que mostram se os processos estão dentro dos limites de especificação e dos limites de controle	- Gestão visual - Acompanhamento e controle das variabilidades dos processos

Fonte: Elaborado com base em Silva; Silva, 2017, p. 106-117.

As sete ferramentas da qualidade apresentadas são as mais comumente utilizadas pelos gestores para monitorar a qualidade dos processos, mas certamente não são as únicas. Cada gestor deve escolher a ferramenta que melhor atende à necessidade em determinada situação, como evidenciado na coluna relativa à aplicação.

5.3
Competências, habilidades e atitudes necessárias para ser um auditor

Para o desempenho de qualquer atividade, é importante que os profissionais estejam capacitados e, na área da auditoria, interna ou externa, a capacitação é essencial.

O desenvolvimento das competências necessárias para que um auditor se torne um profissional capaz de realizar auditorias consistentes exige investimento de tempo e capital. Na formação de auditores internos, o investimento é dividido entre a empresa e o profissional, pois, se é a empresa que paga os cursos de capacitação, é o auditor que investe o tempo de estudo.

A capacitação para a construção das competências inicia com o processo de aquisição de **conhecimento** e avança para a parte prática, ou seja, o desenvolvimento da **habilidade**; por fim, espera-se que o profissional queira aplicar tudo isso, ou seja, que tenha **atitude**.

A estrutura conhecimento + habilidade + atitude é conhecida pela sigla CHA e é comumente utilizada nas áreas de gestão de pessoas, *coaching* e *mentoring*. Entraremos sutilmente nessa seara somente para que o futuro auditor compreenda que ele necessita desse conjunto para exercer suas atividades com maestria.

A Norma ISO 19011 (ABNT, 2018d, p. 35) alerta que "convém que os auditores possuam: a) conhecimento e habilidades necessários para alcançar os resultados pretendidos das auditorias que se espera que eles desempenhem". Aplicando esse conceito à realidade das auditorias, podemos especificar os conhecimentos e as habilidades necessárias, conforme segue:

- **Conhecimentos necessários** – Incluem estudo da Norma ISO 19011; estudo da norma que auditará (9001, 14001, 45001, entre outras); conhecimento das ferramentas de gestão e da

qualidade; conhecimento dos princípios que norteiam as auditorias, entre outros.
- **Habilidades necessárias** – Consistem em planejar a realização da auditoria; auditar os processos que lhe foram designados; entrevistar os auditados; abrir oportunidades de melhoria ou não conformidades; construir relatórios, entre outros.

O item 7.2.3.2 da Norma ISO 19011 elenca os conhecimentos e as habilidades do auditor:

- entender os tipos de riscos e oportunidades associados à auditoria e os princípios da abordagem baseada em risco para auditar;
- planejar e organizar o trabalho eficazmente;
- desempenhar a auditoria conforme o calendário acordado;
- priorizar assuntos de significância;
- comunicar-se eficazmente, oralmente e por escrito (pessoalmente ou com o uso de intérpretes);
- coletar informação por meio de entrevistas, escuta, observação e análise crítica de informação documentada, de maneira eficaz, incluindo registros e dados;
- entender a propriedade e as consequências de usar técnicas de amostragem para auditar;
- entender e considerar opiniões de especialistas;
- auditar um processo do início ao fim, incluindo as inter-relações com outros processos e diferentes funções, quando apropriado;
- verificar a relevância e a exatidão da informação coletada;
- confirmar a suficiência e a propriedade da evidência de auditoria para apoiar constatações e conclusões de auditoria;
- avaliar fatores com potencial de afetar a confiabilidade das constatações e conclusões de auditoria;
- documentar atividades e constatações de auditoria e preparar relatórios;
- manter a confidencialidade e a segurança da informação.

Tais conhecimentos e habilidades são desenvolvidos durante a trajetória do profissional como auditor e, quanto mais experiência prática ele tiver, mais critérios desses cumprirá.

Convém, ainda, citar as atitudes necessárias: preparar-se tecnicamente para a realização da auditoria; registrar suas percepções de auditoria quando está auditando; reportar as oportunidades de melhoria encontradas sem aplicar juízo de valor; apresentar os resultados de auditoria de maneira imparcial; entre outras.

Como as atitudes geralmente estão conectadas ao perfil do profissional, a Norma ISO 19011, em sua versão de 2018, indica traços do comportamento pessoal do auditor que impactam o tipo de atitude que o profissional terá. Assim, é desejável que esse profissional seja:

- **ético**, o que engloba ser justo, verdadeiro, sincero, honesto e discreto;
- **mente aberta**, ou seja, disposto a considerar ideias ou pontos de vista alternativos;
- **diplomático**, mostrando-se sensível ao lidar com pessoas;
- **observador**, de modo a ter percepções sobre o ambiente físico e as atividades;
- **perceptivo**, isto é, consciente e capaz de entender situações;
- **versátil**, sendo capaz de prontamente se adaptar a diferentes situações;
- **tenaz**, ou seja, persistente e focado em alcançar objetivos;
- **decidido**, isto é, capaz de alcançar conclusões em tempo hábil com base em raciocínio lógico e análise;
- **autoconfiante**, agindo com independência enquanto interage eficazmente com os outros;
- **firme**, atuando responsavelmente e eticamente, mesmo que essas ações não sejam populares e possam despertar confronto;
- **aberto a melhorias**, mostrando-se disposto a aprender com as situações;

- **culturalmente sensível**, sendo respeitoso com a cultura do auditado;
- **colaborativo**, com a capacidade de interagir eficazmente com os outros, incluindo os membros da equipe de auditoria e o pessoal do auditado.

Tendo explicitado os conhecimentos, as habilidades e as atitudes do profissional de auditoria, salientamos que são necessárias muitas competências para que ele realize as auditorias de forma eficiente e produtiva. Em linhas gerais, as competências mais requisitadas do auditor são:

- **preparo técnico**, para auditar diferentes processos da organização;
- **senso analítico**, para levantar dados e cruzá-los de forma a gerar informação útil para a tomada de decisão do contexto da auditoria;
- **visão holística** do negócio da empresa, pois, em uma auditoria, algumas "áreas cinzas" podem surgir, o que, na prática, são reflexos do segmento em que a empresa atua.

Outras competências do auditor são:

- **resiliência e flexibilidade**, para compreender que nem sempre tudo está claro e sairá conforme o planejado;
- **diplomacia**, para lidar com diferentes perfis de auditados ou de gestores que podem questionar o processo de auditoria;
- **facilidade de adaptação**, para atuar em ambientes dinâmicos, pois é o caso no contexto empresarial da atualidade;
- **proatividade**, para buscar diferentes maneiras de compreender o contexto da empresa, bem como para melhorar o processo de auditoria;
- **comunicabilidade bem-desenvolvida**, pois a comunicação precisa ser clara e direta, independentemente de ser pela fala, pela escrita ou por gestos.

Na Norma ISO 19011 (ABNT, 2018d) também são citadas algumas competências que os auditores precisam ter, desenvolver ou aprimorar:

- Requisitos e princípios de sistema de gestão e suas aplicações: para ser capaz de compreender os requisitos da norma.
- Fundamentos da(s) disciplina(s) e setor(es) relacionados às normas de sistema de gestão, como aplicados pelo auditado: compreender o processo do setor auditado para não ter conclusões precipitadas.
- Aplicação de métodos, técnicas, processos e práticas de disciplina e de setor específicos, para possibilitar que a equipe de auditoria avalie a conformidade no escopo de auditoria estabelecido e gere constatações e conclusões de auditoria apropriadas: ser capaz de aplicar os conhecimentos adquiridos durante a formação acadêmica ou para atuar como auditor.
- Princípios, métodos e técnicas pertinentes à disciplina e ao setor, de forma que o auditor possa determinar e avaliar os riscos e oportunidades associados aos objetivos da auditoria.

Muitas outras competências fazem parte do contexto dos profissionais de auditoria, os quais precisam mantê-las em constante aprimoramento para que estejam na vanguarda de sua atividade. Independentemente disso, um fator que certamente ajudará o auditor a acelerar esse processo é o comprometimento que ele terá quanto à própria formação.

5.4
Qualificação do auditor (auditor, auditor líder, equipe de auditoria)

Como a qualificação do auditor depende do estágio profissional em que ele se encontra, é importante especificarmos os papéis comumente assumidos por esses profissionais. Por isso, inicialmente, abordaremos a diferença entre auditor e auditor líder.

O auditor é o profissional qualificado e apto para realizar as atividades de auditoria. Na condição de auditor interno, como já expusemos nesta obra, ele pode ser voluntário ou contratado para a função. Já o auditor líder é aquele que fez um ou mais cursos avançados e fica responsável pelo processo de auditoria da empresa como um todo. No caso do auditor externo, é possível que haja um grupo de auditores (todos com formação de auditor líder) que fazem rodízio em tal função.

> **Exemplo prático**
>
> A empresa Alpha está se preparando para obter uma certificação. Como esse processo já está avançado, a empresa conta com uma equipe de auditores internos em formação e um responsável por eles, o representante da alta direção.
>
> Para seguir na busca pela certificação, a Alpha contratou a empresa Beta, que é especializada em auditoria externa e tem contrato com diversos auditores independentes com experiência em várias áreas do conhecimento. Para auditar os processos da Alpha, a Beta selecionou três auditores com currículos mais aderentes aos processos que serão auditados.
>
> Os três auditores contratados pela Beta são altamente capacitados, e todos são auditores líderes; no entanto, para auditar a Alpha, apenas um se apresentará como líder desse processo específico de auditoria. Isso significa dizer que, mesmo que os três façam juntos as auditorias na Alpha, apenas um deles se apresentará como auditor líder.

Nesse entendimento, analisaremos agora a qualificação necessária para cada tipo de auditor.

Para a **formação do auditor interno**, são necessários:

- **Curso de interpretação da norma**, com carga horária de 24 horas, para que o futuro auditor conheça os requisitos da norma. Os conteúdos programáticos podem sofrer alteração no formato das apresentações de acordo com a instituição que aplica o curso; porém, todas trabalham o conteúdo da norma.

- **Curso de leitura e interpretação da Norma ISO 19011: Diretrizes para auditorias de sistemas de gestão**, com carga horária de 24 horas – um estudo minucioso dos requisitos da norma.

Depois dessa fase preparatória, o auditor interno participa de algumas auditorias acompanhando auditores mais experientes para visualizar, na prática, a condução de uma auditoria. É interessante que ele acompanhe profissionais diferentes para conhecer perfis distintos de auditores e a forma como eles realizam suas auditorias. Na sequência, esse auditor interno que estava "em treinamento" passa a ser o responsável pelas auditorias de que participa e cria o próprio modelo de trabalho.

Para a **formação de um auditor líder**, é preciso realizar um **curso de 40 horas** para conhecer os requisitos necessários para se tornar um auditor líder, que exigem o reconhecimento de alguma organização internacional (órgão acreditador internacional), como o International Register of Certificated Auditors (Irca), o Exemplar Global, entre outros. Aqui no Brasil, o processo inicia com um curso que seja reconhecido pelo Registro de Auditores Certificados (RAC), pelo Instituto Nacional de Metrologia, Qualidade e Tecnologia (Inmetro), a Associação Brasileira de Normas Técnicas (ABNT), a Associação Brasileira de Ensaios Não Destrutivos (Abendi), entre outros.

Para a realização desse curso, as instituições solicitam comprovação de experiência em auditorias, e o aspirante a auditor líder tem de passar por um exame para comprovar o conhecimento dos requisitos das normas. Note que um auditor líder pode ser qualificado para ISO 9001, mas não para ISO 14001, por exemplo. Isso significa que, se um auditor líder deseja atuar em várias frentes, é adequado que ele busque cursos no formato de SGI ou em outro modelo que o prepare para atuar como auditor líder em mais de uma norma. Lembre-se de que a atualização das normas, pelo menos aquelas que foram apresentadas nesta obra, já permitem isso, pois foram ajustadas para que as empresas possam passar por mais de uma auditoria ao mesmo tempo.

Os cursos para auditor líder preparam esse profissional para realizar as auditorias de primeira, segunda e terceira partes. Já um auditor interno da qualidade é preparado para realizar auditorias de primeira parte. Para visualizar a diferença entre as qualificações para auditor interno e auditor líder (da qualidade), observe o que está exposto no Quadro 5.5.

Quadro 5.5 – Escopo dos cursos para auditor interno e auditor líder

Curso para auditor interno da qualidade
Objetivo: Qualificar pessoal para execução de auditorias internas e atividades de acompanhamento em um sistema de qualidade, em implantação ou já certificado, utilizando a Norma ABNT NBR ISO 19011:2018.
Conteúdo: • Abordagem de processos • Abordagem sistêmica da gestão da qualidade • Abordagem de riscos para auditorias da qualidade • Planejamento estratégico para a qualidade • Estrutura comum das normas de sistemas de gestão da ISO • Revisão dos conceitos e requisitos da Norma ABNT NBR ISO 9001:2015 • Novos conceitos de auditoria • Tipos e objetivos das auditorias • Auditorias combinadas e auditorias integradas • Atributos e papéis dos auditores internos • Competências dos auditores internos • Aspectos humanos e comportamentais envolvidos nas auditorias internas • Planejamento de auditorias internas • Realização de auditorias internas em Sistemas de Gestão da Qualidade • Relatórios de Auditoria Interna (RAIs) • Novas diretrizes da Norma ABNT NBR ISO 19011:2018
Requisitos: Ter domínio da Norma ABNT NBR ISO 9001:2015.

(continua)

(conclusão)

Curso para auditor líder

Objetivo: Capacitar os participantes quanto ao planejamento e programação, condução e relato de auditorias em sistemas de gestão da qualidade baseados nos requisitos da norma ABNT NBR ISO 9001:2015.
Ao final do treinamento, o participante deverá estar apto a:
- Entender como auditar sistemas de gestão da qualidade baseados na Norma ABNT NBR ISO 9001:2015
- Planejar, conduzir e relatar auditorias em Sistemas de Gestão da Qualidade
- Avaliar a eficácia de Sistemas de Gestão da Qualidade
- Coordenar as atividades de uma equipe auditora
- Entender e acompanhar ações decorrentes de auditorias em Sistemas de Gestão da Qualidade

Conteúdo:
- Requisitos para a certificação de auditor no RAC e princípios e práticas de gestão
- Contexto da organização
- Legislação vigente e processos regulatórios
- Sistema de gestão e documentos de referência
- Métodos, procedimentos e princípios de auditoria
- Técnicas de auditoria
- Gerenciamento do processo de auditoria
- Prática de auditoria relacionada à norma ABNT NBR ISO 9001:2015
- Exame

Requisitos:
Para um melhor aproveitamento, os participantes devem ter conhecimento da Norma ABNT NBR ISO 9001:2015.

Esse conhecimento prévio será avaliado para permitir a participação do aluno no treinamento e poderá ser aceito tanto um atestado de participação em curso de interpretação da Norma ABNT NBR ISO 9001:2015 quanto a aplicação de uma prova para aferir os conhecimentos necessários para atingir os objetivos do treinamento.

Fonte: Elaborado com base em ABNT, 2021a, 2021b.

Embora o conteúdo do curso de auditor interno pareça mais extenso, note que são informações mais simples, pois são dedicadas aos auditores iniciantes; já para o auditor líder, as informações apresentadas e discutidas durante o curso são mais técnicas e abrangem desde o contexto da certificação internacional e da legislação aplicável até o gerenciamento das auditorias, as quais, nesse caso, serão de primeira, segunda ou terceira parte.

Para saber mais

Para conferir os conteúdos de cada curso, você pode acessar o *site* da ABNT e procurar em catálogo de cursos. No catálogo, é possível filtrar por palavra; assim, você pode digitar, por exemplo, *auditoria* ou *auditor líder*, e as opções de datas e locais de curso serão mostradas.

5.4.1 Equipe de auditoria

A formação da equipe de auditoria pode ocorrer, no mínimo, de duas formas: (1) equipe de auditores voluntários; e (2) equipe de auditores contratados para o setor de auditoria. Lembre-se de que algumas empresas têm um setor específico para isso.

No caso de equipe de auditores voluntários, o desafio é integrar colaboradores de diferentes setores da empresa, que certamente terão pontos de vista diferentes. Esse elemento será um ponto positivo se o responsável por essa equipe souber integrar esses colaboradores e incentivar discussões saudáveis para chegar a um denominador comum sobre o assunto crítico que foi identificado em uma auditoria. Por outro lado, esse mesmo elemento pode ser um dificultador para a realização e o fechamento das auditorias, pois pode gerar discussões contraproducentes e conflitos entre os auditores.

Já se a equipe de auditoria for composta de colaboradores contratados como auditores internos, os desafios para a integração tendem a ser menores, mas, ainda assim, existirão. Uma equipe de auditoria é formada por auditores já capacitados ou em formação; assim, todos eles já terão obtido a qualificação básica pelos cursos iniciais, mas ainda será preciso integrar essa equipe, grupo ou time de trabalho para obter melhores resultados. E o que isso significa? Significa que os auditores devem aprender a trabalhar em equipe para que os ciclos de auditorias sejam realizados sem estresse. Precisam ser incentivados a manter diálogos abertos e sinceros, a comentar as dificuldades encontradas para a realização das auditorias e a buscar, juntos, a melhoria do processo.

A Norma ISO 19011 considera essas dificuldades e lista, no item 5.5.4 (Selecionando os membros da equipe de Auditoria), sugestões para facilitar esse processo:

a) Competência global necessária da equipe de auditoria para alcançar os objetivos de auditoria, levando em conta o escopo e os critérios de auditoria;
b) Complexidade da auditoria;
c) Se a auditoria é combinada ou conjunta;
d) Os métodos de auditoria selecionados;
e) Asseguramento da objetividade e imparcialidade, para evitar qualquer conflito de interesse do processo de auditoria;
f) Capacidade dos membros da equipe de auditoria para trabalhar e interagir eficazmente com os representantes do auditado e partes interessadas pertinentes;
g) Questões externas/internas pertinentes, como o idioma da auditoria e as características culturais e sociais do auditado. Essas questões podem ser abordadas pelas próprias habilidades do auditor ou por meio do apoio de um especialista, também considerando a necessidade de intérpretes;
h) Tipo e complexidade dos processos a serem auditados. (ABNT 2018d, p. 16-17)

Segundo a norma, o cuidado deve começar já na composição da equipe, dada a importância de se escolher um líder para a equipe de auditoria. Nesse momento, talvez você esteja se questionando: Então, haverá um auditor líder na equipe? Note que não será, necessariamente, um auditor líder como descrito no tópico anterior.

A norma indica que é importante que a equipe de auditoria tenha um líder e que ele seja escolhido entre os membros do grupo. O adequado é que essa liderança seja rotativa, para que todos tenham a oportunidade de liderar um ciclo de auditoria; com isso, o responsável pela equipe terá subsídios para avaliar os auditores internos, o que é solicitado pela Norma ISO 19011 também.

E como levar um grupo de pessoas a se tornar uma equipe? O responsável pelo processo de auditoria da organização tem um papel preponderante nessa tarefa. Compete a ele organizar reuniões e eventos internos (bate-papo, *workshops*, ciclo de leitura técnica, entre outros) para criar o sentimento de pertencimento.

5.5
Identificação e encaminhamento de não conformidades

Embora não seja o propósito de um ciclo de auditoria, é bastante provável que se encontrem não conformidades nos processos em algum momento, o que torna pertinente a análise desse tema.

Em muitas empresas, a expressão *não conformidade* tem sido substituída por *oportunidade de melhoria*, o que retira certa carga negativa, mas não diminui sua importância.

Independentemente da nomenclatura, os gestores de processos não gostam de ser notificados sobre tal situação. Logo, para dialogar sobre o assunto com o responsável pelo processo, é importante que o auditor saiba exatamente do que se trata. Diante disso, uma sugestão é conhecer a definição apresentada na Norma ISO 19011:

> Item 3.21 – não conformidade – "não atendimento a um requisito"
>
> Item 3.23 – requisito – "necessidade ou expectativa que é declarada, geralmente implícita ou obrigatória".

Consta na Norma ISO 19011 (ABNT, 2018d, p. 29), no item 6.4.8 (Gerando constatações de auditoria), que "não conformidades podem ser classificadas dependendo do contexto da organização e de seus riscos. Essa classificação pode ser quantitativa (por exemplo, de 1 a 5) e qualitativa (por exemplo, menor e maior)". Quanto à classificação, observe que se utiliza o verbo *poder*, logo, não é algo obrigatório.

É importante que isso fique claro porque na ISO 9001, em sua versão de 2015, não se menciona essa classificação, o que significa que não será pertinente um auditor registrar uma não conformidade para uma empresa que não adota esse padrão. Não obstante, os gestores do SGQ reconhecem que esse padrão ajuda a adotar tratativas adequadas para cada tipo de não conformidade, razão pela qual continuam fazendo uso dela.

A classificação mostrada no Quadro 5.6 pode ser considerada uma referência para os responsáveis pelo processo de auditoria na criação de seus parâmetros, desde que observem os requisitos da norma que está sendo auditada.

Quadro 5.6 – Categoria das não conformidades

Categoria	Interpretação

Maior	- A organização não atende aos requisitos:
	  - Da norma
	  - Do contrato
	- A organização não faz o que diz fazer
	- Há uma lacuna significativa no sistema

Menor	- Lapsos insignificantes e ocasionais são verificados - A organização está fazendo mais do que é requerido fazer. (Isso acontece sempre?) - A não conformidade não tem impacto no produto

Fonte: O'Hanlon, 2006, p. 102.

Uma sugestão para determinar se uma não conformidade é maior ou menor, ou qual seu grau quantitativo de impacto, de 1 a 5, como a norma indica, é verificar se no requisito se empregam as formas verbais (1) *recomenda, sugere, indica* ou (2) *deve, necessita, precisa*. Se for o primeiro caso, pode-se considerar uma não conformidade de menor grau ou, quantitativamente, 1, 2 e, talvez, 3. Já se for constatado o segundo caso, as não conformidades são qualificadas como graves, com grau quantitativo 4 ou 5, e terão de ser tratadas com seriedade e rapidez, pois certamente colocarão em risco a certificação da empresa.

Essa classificação deve ser divulgada entre os gestores dos processos, os colaboradores e os auditores, pois não pode haver dúvida sobre a gravidade de uma não conformidade. Na prática, os auditores, principalmente os internos, certamente enfrentarão situações em que o auditado não concorda com a não conformidade ou com seu grau de gravidade. Assim, compete ao auditor e até ao responsável pelo processo de auditoria verificar com o auditado e decidir a tratativa mais acertada para cada caso.

Isso é chamado de *encaminhamento das não conformidades geradas* e pode ocorrer em uma auditoria interna ou externa. Como o auditado tem todo o direito de contestar uma não conformidade, é importante que ele seja notificado durante a auditoria de que receberá uma. Em alguns casos, é possível registrá-la no momento da execução da auditoria; em outros casos, não. Ainda assim, é fundamental que ele saiba.

A não conformidade é reportada durante a reunião de fechamento do ciclo de auditorias e é registrada no relatório final. Se o ciclo for de auditoria interna, o auditado tem um prazo para solucionar, e o auditor pode até fazer parte do processo de ajuste e melhoria; afinal, ele também é colaborador da empresa. No caso de um ciclo de auditoria externa, o auditor, por ser externo, não deve envolver-se com a solução da não conformidade. Compete a ele registrar a não conformidade, comunicá-la à empresa auditada e conceder o prazo previsto no regulamento para o ajuste da situação.

No ciclo de auditoria seguinte, as não conformidades pendentes devem ser verificadas, e sua eficácia, evidenciada. Caso o auditor atual considere que a solução elimina o risco, ele dá como encerrada a não conformidade pendente.

Síntese

Neste capítulo, expusemos alguns motivos que levam um profissional a querer se tornar um auditor interno ou externo e em quais áreas ele pode atuar. Entre esses motivos está desde a visão de conjunto que o auditor interno desenvolve até o *know-how* de diversos segmentos que o auditor externo pode obter, o que certamente se torna um diferencial competitivo.

Ainda no escopo do conhecimento do auditor, indicamos diversas ferramentas e metodologias que geralmente são utilizadas para que ele desempenhe suas atividades de maneira eficiente e eficaz. Além disso, elencamos as competências do auditor, que são formadas com base nos conhecimentos, nas habilidades e nas atitudes que ele deve ter para representar bem sua função.

Na seção final deste capítulo, discorremos sobre a atividade de encaminhar conformidades e não conformidades, até porque essa é uma das mais importantes atividades desenvolvidas pelo auditor. Afinal, compete ao auditor ressaltar aquilo que está adequado na empresa, mas também apontar as oportunidades de melhorias.

Questões para revisão

1. A profissão de auditor exige uma formação que contemple conceitos e prática. O esforço para adquirir esse conhecimento beneficia tanto a empresa quanto o profissional. Entre as vantagens mais comuns que um auditor interno pode obter fazendo parte de uma equipe de auditoria estão: visão holística

do negócio da empresa; compreensão das operações da empresa; conexão entre os departamentos; e reconhecimento profissional. Partindo desse contexto, esclareça o benefício da compreensão das operações da empresa.

2. A formação de um auditor é um processo contínuo, sendo necessário incorporar novos saberes e conhecimentos sempre que uma nova necessidade se apresente. Em se tratando de auditorias da qualidade, o auditor precisa ter noção de como usar diversos tipos de ferramentas e metodologias, entre elas: matriz SWOT, ciclo PDCA, 5W2H, programas de melhoria, como 5S, matriz de risco, matriz GUT. Considerando as ferramentas citadas, explique a aplicação da matriz GUT.

3. A área de auditoria está em ascensão em virtude da preocupação crescente das empresas com os resultados, tanto financeiros quanto relacionados a sua imagem perante as partes interessadas. Por isso, o auditor precisa conhecer o funcionamento e a aplicação de diferentes metodologias e ferramentas, como a matriz de avaliação de risco, que é:

    a) uma ferramenta útil para a empresa identificar os riscos de troca de produtos.
    b) um mecanismo utilizado pelas empresas para priorizar os processos de melhoria.
    c) um procedimento determinado pelo governo para a empresa mapear os riscos do negócio.
    d) um instrumento visual utilizado pelos gestores para mapear o ambiente em que a empresa atua.
    e) um programa utilizado para identificar os pontos fortes e fracos, as ameaças e as oportunidades do negócio.

4. O profissional que pretende atuar como auditor, interno ou externo, tem de se manter em atualização, uma vez que o mundo corporativo no qual as auditorias são realizadas está em constante mudança. Para isso, o auditor pode utilizar a

teoria do CHA, que considera uma competência como um conjunto de conhecimentos, habilidades e atitudes. Tendo em vista esse contexto, avalie as sentenças a seguir e marque V para as verdadeiras e F para as falsas.

( ) O conhecimento do auditor advém da realização das auditorias.
( ) A habilidade é adquirida por meio do curso para auditor e do estudo das normas.
( ) Uma atitude esperada do auditor é a imparcialidade nos relatórios de fechamento.

Agora, assinale a alternativa que apresenta a sequência correta:

a) F, F, V.
b) F, V, F.
c) V, F, V.
d) V, V, F.
e) V, F, F.

5. Quando um ciclo de auditoria se encerra, o procedimento-padrão é o gestor do processo de auditoria reunir os dados coletados, como conformidades, não conformidades ou oportunidades de melhorias e observações. Partindo desse pressuposto, avalie as sentenças a seguir.

I. O auditor externo fará as recomendações para eliminar a falha.
II. O setor apresentou problemas, os quais o auditor atribuiu aos colaboradores.
III. O auditor interno foi relapso ao realizar as auditorias de sua responsabilidade.
IV. O auditor constata que o requisito da norma não foi atendido conforme o previsto.

É(são) conduta(s) acertada(s) do auditor:
a) I.
b) II.
c) IV.
d) II e III.
e) I, III e IV.

Questões para reflexão

1. A filosofia 5S é tão antiga quanto a indústria automotiva Toyota e já foi implantada em empresas do mundo todo. Assim, percebe-se que os princípios dessa metodologia (*Seiri*: seleção e descarte; *Seiton*: organização; *Seiso*: limpeza; *Seiketsu*: higiene e saúde; *Shitsuke*: disciplina) podem ser aplicados a diferentes segmentos. Como recentemente muitas atividades administrativas passaram a ser realizadas totalmente em sistemas informatizados, inclusive em *home office*, o 5S também foi adaptado para o ambiente digital. Considerando esse contexto, reflita se você já está usando o 5S em modelo digital.

2. Sobre as competências esperadas de um auditor, a Norma ISO 19011 fornece vários exemplos de *hard skills*, voltadas ao "saber fazer", e *soft skills*, voltadas ao "saber ser". Realize uma autoanálise e verifique como estão suas *hard* e *soft skills*. Avalie se você é um profissional com potencial para se tornar um auditor ou o que você precisa fazer para alcançar esse objetivo.

6

Processo das auditorias da qualidade

Conteúdos do capítulo:

- Benefícios e desafios das auditorias.
- Programa de auditoria.
- Preparação da auditoria.
- Realização da auditoria.
- Fechamento e relatório de auditoria.

Após o estudo deste capítulo, você será capaz de:

1. distinguir benefícios de desafios do processo de auditoria;
2. constituir um programa de auditoria;
3. preparar e realizar o ciclo de auditoria;
4. formular o relatório de auditoria;
5. coordenar a reunião de fechamento do ciclo de auditoria.

Num cenário mundial altamente competitivo, as empresas têm buscado maneiras de se manterem no mercado, e uma das alternativas tem sido conhecer melhor os próprios processos, seus pontos fortes e suas oportunidades de melhoria. Para tal levantamento, as empresas podem empregar diversas ferramentas, entre elas as auditorias. Por isso, os resultados obtidos pelas auditorias por meio das percepções e apontamentos dos auditores têm sido utilizados como *input* para o processo de melhoria e até para a formatação do planejamento estratégico (PE) de muitas organizações.

Nesse contexto, é pertinente analisarmos o funcionamento de um ciclo de auditoria por completo e dos modelos de realização de auditorias comumente aplicados pelos auditores mais experientes.

6.1
Benefícios e desafios das auditorias

As auditorias em geral têm sido utilizadas como ferramentas para: aprimorar os processos das organizações, principalmente aquelas que desejam implantar políticas de *compliance*, gestão de riscos e governança corporativa; atender às prerrogativas da Lei Geral de Proteção de Dados (LGPD) – Lei n. 13.709, de 14 de agosto de 2018 (Brasil, 2018); comunicar com transparência suas ações às partes interessadas; e demonstrar ao público consumidor a preocupação com a qualidade dos produtos e serviços disponibilizados. Portanto, as auditorias da qualidade têm um papel fundamental, pois permitem fazer o comparativo entre as ações tomadas e os resultados obtidos.

As empresas têm procurado desenvolver mecanismos que as ajudem a identificar desvios em seus processos, em busca da perenidade de seus negócios. Assim, quando não lançam mão de estratégias eficientes, correm o risco de não acompanhar as mudanças constantes pelas quais o mundo corporativo passa.

As auditorias da qualidade, principalmente as internas, avaliam se os controles dos processos são eficientes e eficazes e se as evidências são consistentes. São **benefícios** das auditorias:

- colaboradores capacitados;
- monitoramento do processo de melhoria;
- processos mais padronizados das operações;
- redução de custos, ao se evitarem retrabalhos;
- criação da cultura voltada à qualidade na organização;
- maior qualidade na produção de bens e na prestação de serviços;
- identificação dos riscos e esforço conjunto da equipe de auditoria, para minimizá-los;
- colaboradores aptos a identificar as oportunidades de melhoria e propor soluções, entre outros.

As auditorias resultam em benefícios para os colaboradores e para os auditores, tanto internos quanto externos. No caso dos **colaboradores**, por meio dos apontamentos das auditorias, eles tomam ciência dos impactos de um processo no outro. Por sua vez, os **auditores internos** se beneficiam ao participarem do processo de auditoria porque o acompanham do começo ao fim e, com isso, entendem o contexto da organização, além de ampliar seu conhecimento sobre os processos internos. Já os **auditores externos** se beneficiam por conhecer processos de diferentes empresas, desenvolvendo, com isso, seu *know-how*.

Todavia, nem sempre tudo ocorre conforme o planejado; por isso, os auditores precisam estar sempre atentos aos movimentos dos processos e preparados para lidar com situações conflituosas.

Alguns **desafios** comuns nos processos de auditorias são:

- capacitação continuada dos auditores;
- conscientização dos colaboradores da empresa;
- mudança de processo, tecnologia, equipamentos e modelos de gestão;
- auditores que fazem juízo de valor e têm dificuldade para se manterem imparciais;
- animosidade entre auditor e auditado, o que pode ocorrer nas auditorias internas e externas;
- comunicação relevante e eficaz entre auditores e auditados;
- compreensão dos objetivos das auditorias por parte dos colaboradores e dos auditores, bem como daquilo que a empresa ganha com isso.

Deve estar claro que esses aspectos são desafios, e não impeditivos da realização dos ciclos de auditorias. Compete ao responsável pelo processo de auditoria, assim como à equipe de auditoria, buscar maneiras de neutralizar ou até eliminar tais desafios.

Cientes dos benefícios e dos desafios, o responsável pelo processo de auditoria e os auditores devem programar e executar as atividades de auditoria e, então, finalizar o ciclo. Especificaremos essas etapas na sequência.

6.2
Programa de auditoria

Os responsáveis pelo processo de gestão da qualidade de uma empresa já certificada ou em processo de certificação precisam construir um programa de auditoria, não apenas porque é uma exigência da norma, mas, principalmente, porque é uma forma de garantir que todos os processos serão verificados em períodos regulares.

Essa verificação realizada pelas auditorias internas visa manter os processos em melhoria contínua e corrigir o que for necessário se identificar uma oportunidade de melhoria, por exemplo. Ainda assim, uma auditoria não deve ser surpresa para o setor, ou seja, o gestor e os colaboradores precisam saber quando serão auditados.

A Norma ISO 9001, em sua versão de 2018, estabelece que as auditorias internas são mandatórias (Requisito 9.2 – Auditoria interna), expressando que:

> 9.2.1 A organização deve conduzir auditorias internas a intervalos planejados para prover informação sobre se o sistema de gestão da qualidade:
>
> a) está conforme com:
>
> 1. os requisitos da própria organização para o seu sistema de gestão da qualidade;
> 2. os requisitos desta Norma;
>
> b) está implementado e mantido eficazmente.
>
> 9.2.2 A organização deve:
>
> a) planejar, estabelecer, implementar e manter um programa de auditoria, incluindo a frequência, métodos, responsabilidades, requisitos para planejar e para relatar, o que deve levar em consideração a importância dos processos concernentes,

mudanças que afetam a organização e os resultados de auditorias anteriores;
b) definir os critérios de auditoria e o escopo para cada auditoria;
c) selecionar auditores e conduzir auditorias para assegurar a objetividade e a imparcialidade do processo de auditoria;
d) assegurar que os resultados das auditorias sejam relatados para a gerência pertinente;
e) executar correção e ações corretivas apropriadas sem demora indevida;
f) reter informação documentada como evidência da implementação do programa de auditoria e dos resultados de auditoria. (ABNT, 2015a, p. 20)

Conforme esse entendimento, a empresa certificada, ou em processo de certificação, deve realizar auditorias internas para atestar se a empresa tem cumprido os requisitos da norma e, então, organizar um programa de auditoria.

O que é um programa de auditoria?

É um documento essencial para o gestor responsável pelo processo da qualidade de uma organização. Consiste em um documento digital que contém os apontamentos necessários para gerar um ciclo de auditoria, que pode ser de uma ou mais normas quando as auditorias são combinadas.

A construção do programa de auditoria deve preceder o ciclo da auditoria, pois nele se faz o planejamento, contemplando cada elemento necessário para que uma auditoria possa acontecer.

A Norma ISO 19011, em sua versão de 2018, dedica o capítulo 5 (Gerenciando um programa de auditoria) para explicar o que deve haver em um programa de auditoria e o capítulo 6 (Conduzindo uma auditoria) para esclarecer como preparar uma auditoria. Assim, tais capítulos servem como um guia tanto para os responsáveis pelos processos de qualidade quanto para os auditores internos e externos. Segundo a norma, espera-se que um programa de auditoria considere a extensão necessária para contemplar a "complexidade do processo que será auditado, a funcionalidade, os tipos de riscos, nível de maturidade do sistema de gestão a ser auditado" (ABNT, 2018d, p. 7).

A norma indica ainda que alguns elementos são essenciais em um programa de auditoria. São eles:

a) objetivos para o programa de auditoria
b) riscos e oportunidades associados ao programa de auditoria (ver 5.3) e ações para abordá-los
c) escopo (extensão, limites, locais) de cada auditoria no programa de auditoria
d) agendamento (número/duração/frequência) das auditorias
e) tipos de auditoria, como interna ou externa
f) critérios de auditoria
g) métodos de auditoria a serem empregados
h) critérios para selecionar membros de equipe de auditoria
i) informação documentada pertinente. (ABNT, 2018d, p. 8)

Para que o programa de auditoria seja corretamente executado, a norma sugere o uso do ciclo PDCA, conforme mostra a Figura 6.1, na qual está expressa a sequência das atividades a serem realizadas, bem como os requisitos da norma que fazem parte dos capítulos 5 e 6, respectivamente.

Figura 6.1 – Fluxo do processo para gerenciamento de um programa de auditoria

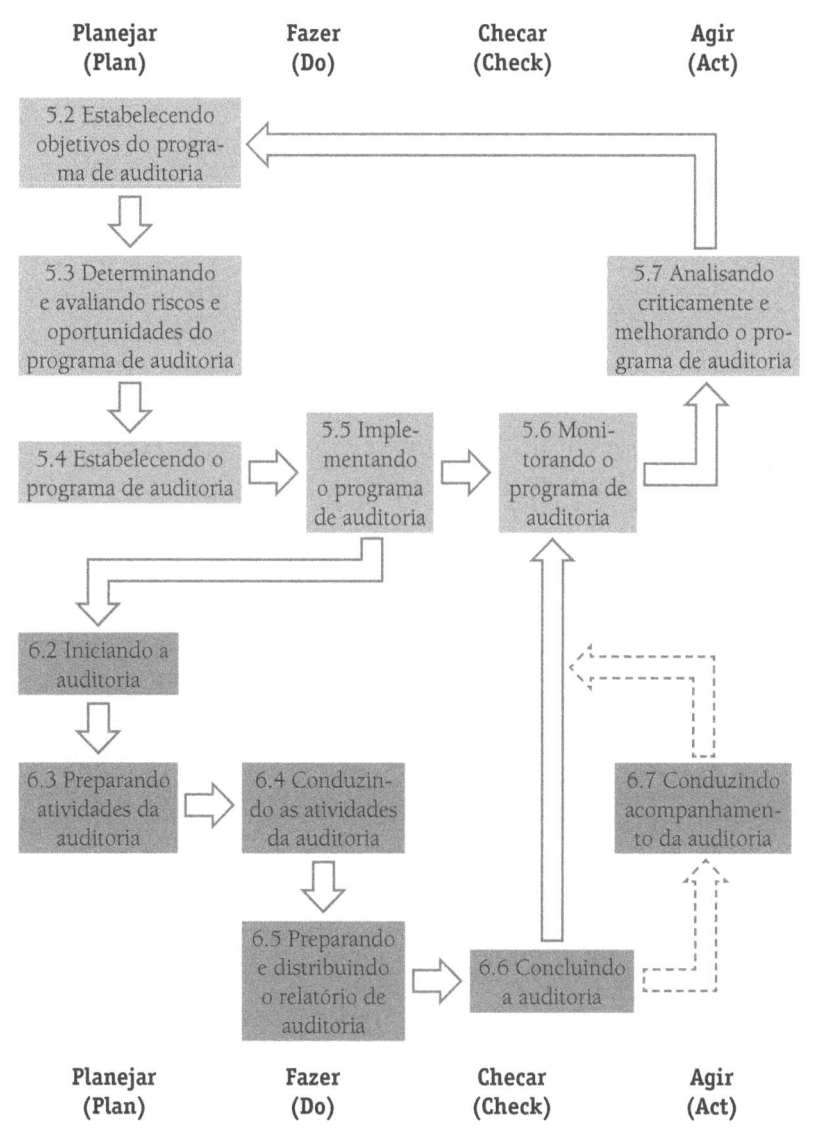

Planejar (Plan)	Fazer (Do)	Checar (Check)	Agir (Act)

5.2 Estabelecendo objetivos do programa de auditoria

5.3 Determinando e avaliando riscos e oportunidades do programa de auditoria

5.4 Estabelecendo o programa de auditoria ⇒ 5.5 Implementando o programa de auditoria ⇒ 5.6 Monitorando o programa de auditoria

5.7 Analisando criticamente e melhorando o programa de auditoria

6.2 Iniciando a auditoria

6.3 Preparando atividades da auditoria ⇒ 6.4 Conduzindo as atividades da auditoria

6.5 Preparando e distribuindo o relatório de auditoria ⇒ 6.6 Concluindo a auditoria

6.7 Conduzindo acompanhamento da auditoria

Planejar (Plan)	Fazer (Do)	Checar (Check)	Agir (Act)

Fonte: ABNT, 2018d, p. 9.

O fluxo constante na Figura 6.1 refere-se ao escopo de um programa de auditoria, e o responsável pelo processo detalha em documento apropriado cada um dos requisitos da norma ali especificados.

Observe que, na fase Planejar (*Plan*), são atendidos os requisitos 5.2, 5.3, 5.4, 6.2 e 6.3. Na etapa Fazer (*Do*), os requisitos atendidos são 5.5, 6.4 e 6.5. Já na fase Checar (*Check*), 5.6 e 6.6 são os requisitos cumpridos. Por fim, na fase Agir (*Act*), são atendidos os requisitos 5.7 e 6.7.

Outra ferramenta que auxilia no gerenciamento do programa de auditoria é a distribuição dos processos entre os auditores. No Quadro 6.1, exibimos um modelo conceitual do cronograma utilizado em um programa de auditoria, no qual se registra qual setor foi atribuído a cada auditor da equipe e quais requisitos da norma devem ser verificados por eles nos processos selecionados.

QUADRO 6.1 – Modelo conceitual de distribuição de processos entre auditores

Processos com auditoria prevista – Ano XXXX												
Processos	Alta direção	Gestão de pessoas	MKT	Compras	Financ.	Contabil.	Engenh.	Vendas	Export.	Import.	Qualidade	SAC
Auditor	Anselmo	Bianca	Cíntia	Diego	Eunice	Fernando	Giulia	Heitor	Isidoro	José	Karen	Leandro
Mês	jan.	fev.	mar.	abr.	maio	jun.	jul.	ago.	set.	out.	nov.	dez.
Item												
4.1	X	X		X	X		X		X	X		X
4.4		X	X	X	X	X	X	X	X		X	
...												
5.1.2	X			X	X		X	X			X	X
5.3	X		X			X		X		X		X
...												
6.1		X	X	X		X	X		X	X		
6.3	X		X		X	X		X		X	X	
...												
7.1.3	X	X		X				X		X		X
7.5	X		X	X		X		X	X	X		X
7.5.2					X			X	X	X	X	X
...												
8.2.1		X		X		X	X			X		X
8.4	X		X	X	X	X		X	X		X	X
8.5.5		X						X		X	X	
...												
9.2	X	X		X	X	X	X	X	X		X	X
9.3.3		X	X		X		X	X		X		X
...												
10.2		X	X	X	X		X		X		X	
10.3	X		X		X	X		X	X	X		X

Esse modelo conceitual foi simplificado e representa um ciclo de auditoria interna de determinado ano. Tal atividade é realizada pelo responsável pelo processo de auditoria. É pertinente lembrar que nem todas as empresas contam com uma equipe tão grande de auditores. Assim, é comum que os auditores internos realizem auditorias em mais de um processo por ano, desde que não coincidam com a área em que exercem suas atividades laborais, o que pode ocorrer quando a equipe de auditores é formada por voluntários.

6.3
Preparação de auditorias

Com o programa de auditoria já formatado, o passo seguinte é preparar a auditoria na prática, ou seja, aplicar o que está estipulado no capítulo 6 da Norma ISO 19011. Na Figura 6.2, esquematizamos a sequência das ações dos gestores e dos auditores para a realização das auditorias. Essa sequência pode ser observada pelo responsável do processo de auditoria para preparar um ciclo de auditoria ou pelo auditor que realizará uma auditoria.

FIGURA 6.2 – Fluxo básico das atividades de auditoria

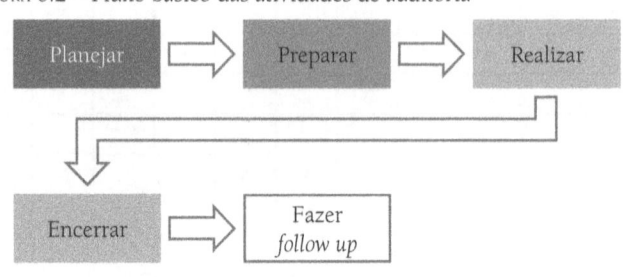

Planejar ⇒ Preparar ⇒ Realizar ⇒ Encerrar ⇒ Fazer *follow up*

FONTE: Elaborado com base em Silva; Silva, 2017, p. 178.

Como a condução de um ciclo de auditoria compete ao responsável pelo processo de auditoria, avaliaremos inicialmente essa sequência quando utilizada por esse profissional, que pode ser: o responsável pelo processo de auditoria da empresa, um representante da direção (RD), um gerente do processo de auditoria ou um auditor líder.

Para o responsável pelo processo de auditoria, o planejamento tem de contemplar todo o ciclo de auditoria, desde a definição dos recursos, dos riscos, do escopo e da equipe auditora até a determinação das datas de abertura e finalização.

A preparação envolve discutir com os gestores a possibilidade de fixar datas e horários, convocar a equipe de auditores, analisar criticamente a informação documentada dos processos para checar se há alguma não conformidade não respondida e preparar os documentos que serão utilizados nas auditorias, como *checklist* e mapa de processos.

A realização, também chamada de *execução*, abrange as reuniões de abertura, as auditorias que estavam previstas no ciclo, o monitoramento da equipe de auditoria (se está conseguindo cumprir o cronograma previsto), entre outras ações. Também faz parte das atribuições do responsável pelo processo de auditoria convocar para a reunião de fechamento e dar suporte tanto aos auditores quanto aos processos auditados, para solucionarem eventuais conflitos. Por fim, cabe a ele realizar o *follow up* de maneira ativa, ou seja, acompanhar se os processos estão respondendo às não conformidades abertas, para não cair no esquecimento.

Conforme já comentamos, o fluxo da Figura 6.2 também pode ser utilizado por um auditor que está se preparando para o processo de auditar. Por exemplo, o responsável pelo processo de auditoria convoca a equipe de auditores e informa o cronograma de auditorias, com os processos e os respectivos auditores.

Exemplo prático

Cíntia faz parte da equipe de auditores, e está previsto que ela auditará o setor de Marketing no mês de março. Ela organizará sua auditoria conforme a sequência da Figura 6.1. Na fase de planejamento, ela verificará as datas possíveis com o auditado e os recursos que utilizará na auditoria. Para se preparar, ela revisou os requisitos da norma que estão previstos para serem checados e revisitou as normas ISO 19011 e 9001, para reforçar seu conhecimento. Também acessou as informações referentes ao setor de Marketing, que estão disponíveis na rede da empresa, e analisou o mapa do processo, a matriz de competência e a matriz de risco. Analisou igualmente o atingimento dos indicadores do setor e as tratativas da última pesquisa realizada com os clientes.

Na sequência, Cíntia contatou o colaborador que seria auditado no setor de Marketing para confirmar o agendamento. Como a resposta foi afirmativa, na data e horário combinados, ela visitou o setor e, em conversa com o auditado, solicitou algumas evidências que pudessem atestar a conformidade do processo.

Cíntia fez suas anotações para, posteriormente, criar seu registro de auditoria e, como só encontrou conformidades, registrou apenas algumas observações para fomentar a melhoria contínua do setor. Assim, quando o responsável pelo processo de auditoria convocou os auditores para a reunião de fechamento, Cíntia dispunha da documentação pronta.

Esse exemplo evidencia como um auditor pode se preparar para realizar sua auditoria interna. No entanto, cada fase pode ter mais ou menos atividades, pois depende da complexidade da auditoria. Depois da fase de preparação, será o momento de realizar efetivamente a auditoria, a qual muitas vezes é chamada de *fase de execução*.

6.4
Execução de auditorias

Uma auditoria pode ser realizada de diversas maneiras, pois depende do modelo que a equipe de auditoria interna ou externa definiu. De todo modo, normalmente abrange a visita do auditor ao processo, o que o Sistema Toyota de Produção (STP) chama de *gemba* (em tradução livre, "o lugar onde as coisas acontecem", ou seja, o local de trabalho ou, nesse caso, o processo a ser auditado). Embora, na atualidade, parte das auditorias sejam feitas remotamente – caso em que o auditor acessa os registros e documentos do processo auditado (com a devida permissão) –, a visita ao *gemba* é muito importante. Isso porque uma auditoria precisa ser realizada contemplando-se o contexto do processo e da organização; portanto, nada melhor que verificar como o processo ocorre na realidade, uma vez que o papel aceita tudo, e os sistemas informatizados, "quase tudo".

Os principais passos que ajudam o auditor a ser bem-sucedido na realização das auditorias são:

- receber do responsável pelas auditorias o processo a ser auditado;
- pesquisar sobre o processo;
- contatar o gestor do processo para agendar visita;
- definir o método que utilizará durante a auditoria;
- acessar remotamente as informações sobre o processo;
- conhecer os documentos e registros de suporte do processo a ser auditado;
- estudar os requisitos da norma que serão verificados durante a auditoria;
- chegar no horário combinado e não se estender além do necessário;
- deixar claro aos colaboradores que está auditando o processo, e não as pessoas;

- comprometer-se a realizar a auditoria de forma amistosa, considerando que, atualmente, os depoimentos e as explicações dos auditados são de extrema relevância para o processo de auditoria.

Fica evidente a importância do preparo do auditor, pois ele precisa ter noção do funcionamento do processo que auditará. Uma preparação eficiente faz diferença no momento da auditoria, e o auditor passa mais credibilidade e segurança, pois demonstra conhecimento sobre o processo. Um caminho para isso é analisar os requisitos da norma que serão auditados e verificar os procedimentos que o processo auditado contempla para atendê-los, como: Procedimento Operacional Padrão (POP), Instrução de Trabalho (IT), manuais de operação, entre outros. Ademais, recomenda-se ter uma norma impressa ou salva no computador, mas com fácil acesso.

Mesmo que parte da auditoria seja executada remotamente, o auditor tem de escolher um método, o qual pode ser, de acordo com Souza (2019), o rastreamento para frente, o rastreamento para trás ou um processo aleatório, os quais também são conhecidos pela denominação *trilha de auditoria*. A seguir, especificamos esses métodos:

- **Rastreamento para frente** – Compreende a escolha dos documentos (notas fiscais, projetos, desenhos técnicos, pedidos de venda, pedidos de compra, romaneio de transporte, entre outros) antes de iniciar a auditoria. O auditor, que pode acessar o sistema do auditado antecipadamente, avalia os processos realizados pelo setor e seleciona alguns para posterior verificação. Nesse caso, as evidências de como a atividade foi realizada são comparadas com os documentos pré-selecionados. Então, o auditor mapeia desde o início do processo dentro da empresa até sua finalização, que pode ser a entrega do produto ou serviço para o cliente intermediário ou consumidor final.

- **Rastreamento para trás** – A auditoria é iniciada por um processo já finalizado e, talvez, até já arquivado, desde que esteja no período determinado pelo ciclo de auditoria. Assim, o auditor seleciona um processo encerrado, como a quitação de um financiamento imobiliário. Nesse caso, o auditor faz o mapeamento reverso de cada fase que ocorreu durante o período de vigência do contrato de financiamento. Certamente, essas fases estão descritas em algum POP ou IT e podem ser checadas para verificar se foram atendidas as premissas fixadas.
- **Processo aleatório** – Nas auditorias da qualidade, é comum o auditor chegar ao processo e, após a entrevista com o auditado, solicitar evidências de processos aleatórios. Em auditorias contábeis e de processos gerenciais, é comum os auditores utilizarem um método similar, que é o de livre deslocamento, no qual o auditor transita pelos departamentos solicitando evidências.

Esses métodos de auditoria, ou quaisquer outros que possam ser criados, têm os mesmos objetivos: buscar conformidades entre os processos e demonstrar que os gestores dos processos têm visão de conjunto e compreendem a importância da auditoria para a organização, assim como para o processo de melhoria contínua.

Depois de o auditor definir o método de auditoria a ser aplicado, ele deve organizar o *checklist* com os elementos a serem verificados e comparecer ao setor em data e hora previamente agendadas para as entrevistas. Caso o auditor já seja experiente e tenha um *checklist* com os requisitos da norma que precisam ser verificados, ele não seguirá uma ordem rígida de verificação dos requisitos, pois já tem habilidade para identificar a qual requisito da norma se refere a explicação do auditado. No entanto, se o auditor ainda está no início de sua formação, é recomendável que ele siga a ordem dos requisitos, principalmente para não se perder e ter de voltar ao processo para conferir algo já verificado, o que configura retrabalho de auditoria.

A condução da entrevista impacta grandemente a qualidade das respostas obtidas. Isso porque muitos colaboradores que têm receio do momento da auditoria (hora da verdade) respondem de maneira monossilábica, o que dificulta a formação de uma visão ampla do processo por parte do auditor. Por essa razão, é recomendável que, tanto quanto possível, o auditor faça o auditado se sentir confortável, e não coagido ou constrangido. Em vez de se portar como em um interrogatório investigativo, é mais interessante e produtivo conduzir um diálogo respeitoso e cordial.

Silva (2018, p. 67-68) arrola algumas dicas de como proceder nessa fase da auditoria, que visa ao levantamento das evidências dos processos:

- Faça perguntas abertas "Como", pois assim o auditado terá oportunidade de explicar o funcionamento.
- Incentive o auditado a explicar o seu processo mencionando quem, o quê, quando, onde e por que ele é realizado.
- Se for necessário (e possível), solicite ao auditado para que apresente evidências de como as tarefas são realizadas. Comece a frase com "mostre-me", "diga-me", "explique-me".
- Pergunte a mesma coisa várias vezes e para pessoas diferentes. Isso auxilia a compreender se o fluxo de comunicação não tem ruídos e se todos entendem o contexto do processo e seus impactos nas operações da empresa.
- Converse ou entreviste vários colaboradores no setor e também de hierarquia diferente (se houver), para identificar se todos compreendem como as coisas acontecem e não como deveriam acontecer.
- Utilize as respostas do auditado como *input* para outros questionamentos, buscando mapear o processo que o auditado está tentando explicar.
- Disponibilize tempo para aprofundar um ou outro tema que seja pertinente para o contexto dessa auditoria e se certifique da conformidade do processo.

Essas dicas têm como propósito incentivar o auditor a angariar informações suficientes para construir seus relatórios e emitir um parecer condizente com a realidade e a maturidade do processo auditado. Os registros da auditoria devem retratar com veracidade como o processo tem lidado com o monitoramento e o controle de qualidade, com vistas à melhoria contínua, à integridade de produtos e serviços entregues aos clientes e ao atendimento aos requisitos da norma em que a empresa é certificada ou almeja certificação. Tais registros reportam tanto as conformidades quanto as não conformidades encontradas.

No caso das não conformidades, fica a critério do auditor, em acordo com o auditado, definir se as menores e solucionadas durante a auditoria serão registradas ou não. Entretanto, as consideradas médias ou graves precisam ser registradas, e os posicionamentos, tanto do auditado quanto do auditor, devem constar nos relatórios. Isso confere maior transparência ao processo e auxilia na criação da cultura da qualidade na organização.

6.5
Fechamento, relatório de auditorias e *follow-up*

Um ciclo de auditoria tem começo, meio e fim. O começo engloba o planejamento e a preparação; o meio corresponde à execução; e o fim envolve o que discutiremos nesta seção: o fechamento, com a emissão dos relatórios da auditoria, e seu posterior *follow-up*. Essa conclusão está prevista desde o planejamento, para que as partes interessadas se organizem no sentido de fechar a documentação, elaborar os relatórios, abrir as não conformidades, entre outras situações operacionais.

Na reunião de fechamento, auditores e auditados são cientificados dos resultados do ciclo de auditoria. Caso alguma não conformidade tenha sido registrada, o auditado precisa ter sido informado antes dessa reunião, preferencialmente enquanto estava passando pela auditoria. E por que isso é importante? Porque a reunião de fechamento é o momento de apresentar fatos e dados, ou seja, é como uma fotografia do que foi mapeado durante o ciclo de auditoria. Nessa reunião, os auditores explicam como foi o processo e apresentam seus relatórios, os quais foram realizados em bases amostrais. O auditado, que é o profundo conhecedor do processo, sabe que somente uma pequena parte foi verificada; assim, é a pessoa mais indicada para refletir sobre os resultados apresentados nessa reunião e pensar sobre as possibilidades de melhoria.

Ainda na reunião, são apontados os pontos fortes dos processos da empresa e a maturidade do Sistema de Gestão da Qualidade (SGQ). Compete ao responsável pelo processo de auditoria aferir se os objetivos desse ciclo de auditoria foram atingidos ou se melhorias para os próximos precisam ser implementadas.

O responsável pelo processo de auditoria pode adotar a seguinte sistemática para a reunião de fechamento:

- iniciar esclarecendo o objetivo da reunião de fechamento, até para delimitar os assuntos, o que certamente evita discussões aleatórias;
- preferencialmente, mostrar o fluxo do ciclo de auditoria, para que todos visualizem os passos que foram trilhados e compreendam que essa é a etapa final;
- comentar, em linhas gerais, os resultados do processo de auditoria e enfatizar o fato de que os auditores apresentarão seus relatórios;
- depois das apresentações, retomar os pontos principais identificados nas auditorias;
- caso não conformidades tenham sido abertas, informar o prazo que os auditados têm para apresentar ações de melhoria;

- colocar-se à disposição dos auditados para ajudá-los a encontrar soluções robustas para as não conformidades;
- esclarecer quem acompanhará os próximos passos por meio do *follow-up*;
- agradecer o comprometimento das partes interessadas e reforçar o quão importante é o trabalho de auditoria para o fortalecimento da qualidade da empresa.

Os relatórios elaborados pelos auditores e apresentados na reunião de fechamento fazem parte da documentação de auditoria e são mantidos por determinado período para que as partes interessadas possam consultá-los sempre que necessitarem. Na atualidade, como as pastas são digitais, é muito mais fácil armazenar as evidências de auditorias registradas nos relatórios; no entanto, é importante fomentar a guarda daquilo que é relevante para o processo de qualidade, para evitar a manutenção de arquivos desnecessários somente porque o processo é eletrônico.

Por questões de padronização de documentação, muitas empresas dispõem de Relatórios de Auditoria Interna (RAIs), já com elementos obrigatórios que os auditores precisam preencher, e disponibilizam um espaço específico para o auditor registrar seu parecer. Embora, na prática, não haja problemas em deixar que cada auditor crie seu relatório (desde que contemple as premissas determinadas para aquele ciclo de auditoria), é estranho pensar que, em uma atividade que busca conformidade de padrões, cada um pode fazer de um jeito. Isso certamente pode se tornar um desafio para o gestor do processo de auditorias.

No Quadro 6.2, fornecemos um modelo conceitual de relatório que pode servir de base para que o gestor do processo de qualidade crie seu padrão.

Quadro 6.2 – Modelo conceitual de Relatório de Auditoria Interna (RAI)

Nome da empresa:	Data:
Emitido (Nome do auditor):	Ciclo de auditoria:
Recebido (Nome do auditado)	Processo:
Relatório de auditoria interna **Reunião de abertura** (Listar participantes) **Sumário da auditoria** (Ressaltar os pontos positivos encontrados durante a visita e destacar os principais pontos de conformidades) **Reportar as não conformidades e as potenciais oportunidades para melhoria** • Relatar sempre claramente as não conformidades • Conectar as evidências objetivas ao item da norma Todos os itens reportados no relatório devem ser registrados para a tomada de ações nos respectivos sistemas de controles.	
REG. SGQ/A	Revisão: 00 xx/xx/xxxx

Fonte: Elaborado com base em Silva; Silva, 2017, p. 180.

Depois da apresentação dos relatórios finais, o responsável pelo processo de auditorias deve compilar os dados relevantes e formular um relatório para o ciclo vigente. Esse relatório único serve de *follow-up* para o gestor do processo das auditorias acompanhar as ações tomadas pelos auditados.

Silva (2018, p. 73) explica que as atividades básicas de acompanhamento (*follow-up*) servem aos objetivos de monitorar e avaliar os esforços dos auditados para implementar melhorias nos pontos observados pelos auditores. Ainda segundo o autor, algumas dessas atividades são conduzidas pelo responsável pelo processo de auditoria para verificar se o auditado compreendeu por que foi apontada a não conformidade. Isso é importante porque é comum o auditado não questionar o auditor por não entender exatamente qual requisito da norma deixou de ser atendido.

Outra atividade que compete ao encarregado pelo processo de auditoria é monitorar as ações implementadas para corrigir a não conformidade e certificar-se de que os prazos estão sendo cumpridos. Caso seja necessária uma nova visita do auditor para avaliar a eficácia da solução, compete ao responsável pelo processo de auditoria dar o apoio de que o auditado necessita, entre outras atividades.

Síntese

Discutimos os benefícios que a auditoria pode oferecer tanto para as empresas quanto para os auditores internos e externos. Embora a Norma ISO 9001 indique ser mandatório realizar as auditorias da qualidade, essa não é a única razão para lançar mão de tal processo; afinal, as empresas têm muito a ganhar, pois, como retorno, recebem um mapa de seus processos.

Cumpre ao responsável pelo processo de auditoria e a sua equipe criar um programa de auditoria consistente, que contemple todos os processos, de forma que todos sejam verificados com regularidade. Por isso, neste capítulo, detalhamos o ciclo de auditoria, o qual é composto das fases planejar, preparar, realizar, encerrar e fazer o *follow-up*. Por fim, abordamos a confecção dos relatórios de auditoria e o fechamento do ciclo.

Lembre-se de que no processo de auditoria é assim: um ciclo se fecha, e outro se inicia, ou seja, a equipe deve estar em constante giro do PDCA com as atividades de auditoria para auxiliar na garantia da qualidade.

Questões para revisão

1. Para organizar um ciclo de auditoria, há um fluxo-padrão que consiste em planejar, preparar, realizar, encerrar e fazer *follow-up*. Apresente, em linhas gerais, cada uma dessas fases.

2. A forma de realizar auditoria também está em processo de mudança, pois, na atualidade, há a possibilidade de auditar processos completos, principalmente os administrativos e de

suporte, por meios remotos, sem a necessidade de visitar os processos presencialmente. Independentemente de a autitoria ser virtual ou presencial, os auditores podem escolher dois métodos para auditar: rastreamento para frente e rastreamento para trás. Explique a diferença entre eles.

3. Um ciclo de auditoria precisa ser planejado para que não ocorram atropelos durante o processo. Isso inclui organização com a equipe e com os gestores dos processos, fechamento das datas, entre outros elementos, os quais são determinados:
   a) no fluxo do processo.
   b) no programa de auditoria.
   c) no *follow-up* pós-auditoria.
   d) no relatório de fechamento.
   e) durante a realização das auditorias.

4. Embora boa parte das auditorias já possam ser realizadas por meios virtuais, com reuniões *on-line* com os auditados e verificações de documentos via acesso remoto aos sistemas informatizados, ir até o processo é uma prática comum e, muitas vezes, necessária para a realização de uma auditoria eficiente e eficaz. Essa conduta é imprescindível quando:
   a) os colaboradores desempenham suas atividades em formato *home office*.
   b) os procedimentos são registrados no sistema informatizado, sem exceção.
   c) há necessidade de conferir as fases das operações, em virtude de sua complexidade.
   d) as partes e peças são importadas e chegam embaladas, prontas para revenda.
   e) as operações são executadas com base nas instruções de trabalho estabelecidas.

5. A realização eficiente e eficaz de uma auditoria é impactada pelo coeficiente de organização do auditor. Para isso, além do conhecimento das normas, é preciso escolher um método, que pode ser: rastreamento para frente, rastreamento para trás ou aleatório. Analise as sentenças a seguir a respeito desses métodos.

   I. O método de rastreamento para frente ocorre quando o auditor mapeia o processo considerando desde o início.
   II. O método aleatório é caracterizado pela separação antecipada de documentos e pela verificação da operação.
   III. O auditor que escolhe o modelo aleatório solicita evidências para o auditado à medida que a auditoria evolui.
   IV. No rastreamento para trás, o auditor solicita documentos que exemplifiquem o início do processo até sua finalização.

   Está(ão) correta(s) apenas:
   a) I.
   b) III.
   c) I e III.
   d) III e IV.
   e) I, II e IV.

Questões para reflexão

1. As auditorias da qualidade costumam gerar certo estresse nas empresas, e muitos colaboradores ficam nervosos só em pensar que alguém (um auditor interno ou externo) visitará seu processo para "questioná-lo". Ainda que essa postura não seja regra em todas as empresas, é uma barreira que precisa ser eliminada. Se você fosse o responsável pelo processo de auditoria ou pelo SGQ, que ações tomaria para minimizar esses efeitos negativos?

2. Uma auditoria é realizada por meio da checagem dos requisitos da norma e das evidências de que os registros, os documentos e outros artefatos do processo estão em conformidade. Ainda assim, muitos auditados costumam ficar nervosos e inseguros no momento da auditoria. Se você fosse um auditor, como abordaria o auditado para deixá-lo tranquilo quanto ao processo de auditoria? Escreva sobre isso.

7
Gerenciamento do programa de auditoria

Conteúdos do capítulo:

- Pontos de melhoria.
- Elaboração de plano de ação.
- Indicadores de *performance* das auditorias.
- Meios de manter o sistema de qualidade ativo.
- Desafios futuros das auditorias.

Após o estudo deste capítulo, você será capaz de:

1. registrar pontos de melhoria nas auditorias;
2. construir um plano de ação;
3. aplicar indicadores de desempenho;
4. propor ações para manter o sistema de qualidade ativo;
5. perceber o impacto das tecnologias nas auditorias.

Ao finalizar um ciclo de auditoria, são apresentadas conformidades, não conformidades e observações. Para o processo de melhoria contínua, todas essas informações são muito bem-vindas! Tendo isso em vista, neste capítulo final de nossa abordagem, explicaremos como lidar com os registros da auditoria, filtrar as oportunidades mais urgentes ou relevantes e construir um plano de ação. Para tal, comentaremos alguns exemplos aplicados para servirem como modelo, já que podem ser adaptados para diversas situações.

Para que o responsável pelo processo de auditoria também possa avaliar o quão eficiente foi o ciclo, é importante que ele conheça e aplique alguns indicadores nos processos e avalie o desempenho dos auditores, seguindo o que está expresso na Norma ISO 19011 a esse respeito. Para finalizar, discutiremos os desafios e o futuro das auditorias nas organizações.

7.1
Pontos de melhoria

Após a finalização de um ciclo de auditoria, compete ao responsável por esse processo, em conjunto com a equipe de auditores, analisar os relatórios entregues para traçar um plano de ação para o ciclo seguinte. Com isso, é possível identificar quais são os pontos de melhoria necessários para a evolução do Sistema de Gestão da Qualidade (SGQ) da empresa.

Por meio da análise crítica dos relatórios, torna-se possível detectar conformidades, não conformidades e observações que foram evidenciadas pelos auditores por meio da comparação do que encontraram durante as auditorias e o que os requisitos das normas exigem.

A Norma ISO 19011, em sua versão de 2018, especifica no Anexo A, item 18.2 (Registrando as conformidades), como indicar as conformidades, quando aplicável:

> [...] Para registro de conformidade, convém que seja considerado o seguinte:
>
> a) descrição dos critérios de auditoria em relação aos quais a conformidade for apresentada ou referência a eles;
> b) evidência de auditoria para apoiar conformidade e eficácia, se aplicável;
> c) declaração de conformidade, se aplicável. (ABNT, 2018d, p. 52)

Observe que a norma contempla a possibilidade de registrar as conformidades, o que é relevante para que o gestor do processo de qualidade, a equipe de auditores e os gestores dos processos auditados reconheçam que o SGQ está íntegro.

Se os relatórios dos auditores foram bem redigidos no que se refere ao vocabulário utilizado e à clareza na escrita, é possível identificar essas conformidades durante as auditorias. E por que isso é importante? Porque a identificação de conformidades em alguns processos pode servir de base para a melhoria de outros que apresentam certas dificuldades no cumprimento de tal requisito.

> **Exemplo prático**
>
> Uma indústria parceira de diversas transportadoras tem dois setores cuidando desse processo: (1) o setor de suprimentos, porque negocia com transportadoras que entregam as matérias-primas; e (2) o setor comercial, que negocia com as transportadoras que distribuem os produtos da indústria.
>
> O setor de compras desenvolveu uma metodologia para avaliar as transportadoras que prestam serviços à empresa. Já o setor comercial iniciou o processo de monitoramento e avaliação dos serviços de transporte de distribuição algum tempo depois. Inicialmente, o responsável pela gestão das transportadoras de distribuição estava com dificuldade para desenvolver uma metodologia própria, mas, ao conversar com o responsável pelo SGQ da empresa, percebeu que já existia um processo similar na empresa, o que atendia ao requisito da norma.
>
> Foi realizado um *benchmarking* entre a área comercial e a área de suprimentos e, assim, foi criado um procedimento-padrão que passaria a ser aplicado às duas situações, uma vez que o serviço era o mesmo: transporte. Nesse sentido, a identificação de conformidade do setor de suprimentos auxiliou o setor de vendas e permitiu estabelecer um padrão para essa indústria, voltado à gestão das transportadoras.

Embora as auditorias sirvam ao propósito de buscar conformidades, são frequentes os relatos de não conformidades. Estas precisam ser avaliadas criticamente sob duas perspectivas, de modo a identificar se elas ocorrem em processos que: (1) já apresentaram a mesma falha – caso em que são simples, porém recorrentes; ou

(2) ainda não haviam passado por essa experiência. No caso 1, é importante atuar junto aos gestores desses processos para buscar a causa dessas não conformidades e implementar soluções que as eliminem, pois, se são recorrentes, as soluções têm sido paliativas. O caso 2 serve como um alerta, e compete ao responsável pelo SGQ e à equipe de auditores atuar junto aos gestores dos processos que apresentaram essa não conformidade para que avaliem criticamente o que ocorreu.

A Norma ISO 19011, em sua versão de 2018, Anexo A, item 18.3, expressa:

> Para registros de não conformidades, convém que seja considerado o seguinte:
>
> a) descrição dos critérios de auditoria ou referência a eles;
> b) evidência de auditoria;
> c) declaração de não conformidades;
> d) constatações de auditoria relacionadas, se aplicável. (ABNT, 2018d, p. 52)

Esse item da norma indica que é importante que o registro da não conformidade contemple os critérios checados nesse ciclo de auditoria, que podem ser diferentes em cada ciclo. A Norma ISO 19011 define *critérios* como um "conjunto de requisitos usados como uma referência com a qual a evidência é comparada" (ABNT, 2018d, p. 2). Já *evidência* corresponde àquilo que determina se é uma não conformidade ou não, razão pela qual precisa ser descrita no registro da não conformidade. A Norma ISO 19011 também define esse conceito nos itens 3.8 e 3.9, conforme apresenta o Quadro 7.1:

Quadro 7.1 – Evidências de auditoria

Item 3.8 – evidência objetiva	Item 3.9 – evidência de auditoria
Dados que apoiam a existência ou a veracidade de alguma coisa. Nota 1: Evidência objetiva pode ser obtida por observação, medição, ensaio ou outros meios. Nota 2: Evidência objetiva para o propósito de auditoria (3.1) geralmente consiste em registros, declarações de um fato ou outra informação que seja pertinente para os critérios de auditoria (3.7) e verificável.	Registros, apresentação de fatos ou outras informações pertinentes aos critérios de auditoria (3.7) e verificáveis.

Fonte: Elaborado com base em ABNT, 2018d, p. 3.

Tais evidências devem estar contempladas nos relatórios produzidos pelos auditores, servindo de *input* para o planejamento das melhorias dos processos e, claro, exigindo um plano de ação, assunto que será tratado na sequência.

A declaração de não conformidade é a explicação referente ao requisito que o processo deixou de atender. Essa declaração deve ser clara e possibilitar uma análise para encontrar a causa e, posteriormente, a proposta para a solução, preferencialmente definitiva. Ademais, as não conformidades podem ser categorizadas como maiores ou menores, considerando-se o risco para a integridade do SGQ. Compete ao responsável pelas auditorias e aos gestores dos processos auditados determinar a extensão do lapso que uma não conformidade pode ter.

As evidências ainda permitem identificar nos relatórios as observações feitas pelos auditores, que são tão importantes quanto os registros das conformidades e das não conformidades. As observações são relevantes para o processo de melhoria contínua do SGQ porque, se o auditor olhar para elas com atenção, poderá depreender indícios de como melhorar o processo. Afinal, uma observação não é uma não conformidade, mas pode se tornar caso não seja tratada com o devido zelo.

Algumas organizações tratam as observações como ações preventivas e as inserem no contexto da melhoria contínua. Essa é uma boa prática, porque serve de *input* para detectar os possíveis riscos dos processos e para aperfeiçoar as operações. Embora não seja obrigatória, a análise crítica de uma observação registrada por um auditor pode resultar em ações preventivas, atendendo à premissa de que a empresa precisa manter seus processos em melhoria contínua. E como o auditor determina quando é uma não conformidade ou uma observação?

O auditor capacitado audita sempre à luz da norma em questão. Se, porventura, ele encontrar alguma situação que evidencie que o requisito verificado não atende ao que a norma solicita, trata-se de uma não conformidade. Já quando o auditor identifica uma situação que não impacta diretamente o resultado do processo de qualidade, mas que pode ser melhorada, ele tem uma observação a fazer.

Considere o seguinte exemplo hipotético: um auditor, ao realizar uma auditoria de ISO 9001, em sua versão de 2015, no setor de expedição de uma organização, fez os apontamentos expressos no Quadro 7.2.

Quadro 7.2 – Apontamentos de auditoria

Requisito da Norma ISO 9001	Evidência encontrada	Status (conformidade; não conformidade; ou observação)
6.1.2 – A organização **deve** planejar: a) ações para abordar riscos e oportunidades como: 1. integrar e implementar as ações nos processos do seu Sistema de Gestão da Qualidade (ver 4.4) 2. avaliar a eficácia dessas ações	Foi evidenciado que o setor de expedição atende a esse requisito porque: a) dispõe de uma matriz de risco que aponta quatro riscos: (1) erro de inventário; (2) falha no recebimento; (3) avarias no manuseio; (4) falha na separação de pedidos. b) a matriz de risco do setor menciona que o risco (4) foi considerado o mais crítico e, por isso, tem tratativa diferenciada. 1. O risco 4 considera dois indicadores do setor (reclamações de clientes por erro de montagem do pedido; devolução de clientes por erro de montagem de pedido). 2. Foi verificado que no mês anterior à auditoria não havia ocorrido nenhuma reclamação ou devolução do cliente por erro de montagem do pedido.	**Conformidade** Procedimento do setor de expedição atende adequadamente ao requisito da norma verificado
7.1.2 – Pessoas A organização **deve** determinar e prover as pessoas necessárias para a implementação eficaz do seu Sistema de Gestão da Qualidade e para a operação e controle de seus processos.	Foi evidenciado que o setor de expedição atende a esse requisito por meio de sua matriz de polivalência, na qual consta a lista dos colaboradores e as atividades que cada um deles está apto a realizar. A matriz indica também quais colaboradores estão em treinamento. No entanto, no momento da auditoria, na matriz de polivalência constavam somente os colaboradores mais antigos, não contemplando os contratados no último ano. Como o procedimento adotado pela própria expedição menciona que a matriz de polivalência é revisada a cada seis meses, foi evidenciada uma não conformidade por dois elementos: 1. A revisão é semestral e já estava com um ano sem revisão. 2. Seis colaboradores haviam sido contratados neste último ano e não haviam sido inseridos na matriz de polivalência.	**Não conformidade** Procedimento do setor de expedição não atende adequadamente ao requisito da norma verificado

(continua)

(Quadro 7.2 – conclusão)

Requisito da Norma ISO 9001	Evidência encontrada	Status (conformidade; não conformidade; ou observação)
9.1.3 – Análise e avaliação A organização **deve** analisar e avaliar dados e informações provenientes de monitoramento e medição	Foi evidenciado que o setor de expedição atende a esse requisito porque: • tem indicadores implementados; • está atualizado; • está dentro dos parâmetros definidos. Foi observado que os indicadores da expedição estão conectados com os indicadores da área de vendas; por isso, estão disponíveis na rede na pasta digital do setor de vendas. Para facilitar o acesso aos colaboradores da expedição, recomenda-se criar um *link* de acesso ou uma cópia para visualização rápida.	**Observação** Facilitar o acesso à informação para o setor de expedição

Os exemplos do Quadro 7.2 são simples porque nos interessa o entendimento; no entanto, quanto mais experiência o auditor adquire por meio da realização de suas auditorias, acompanhamento de outros auditores e discussões geradas na finalização de cada ciclo, mais ele amplia seu *know-how* e mais facilmente identifica quando se trata de uma não conformidade ou uma observação. Em caso de dúvidas, é sempre conveniente levá-las para discussão nas reuniões da equipe de auditores e do gestor do SGQ, pois podem ser dúvidas de outros também.

7.1.1 Tratamento das oportunidades de melhoria (não conformidades)

Para registrar uma não conformidade, é preciso que fique claro como e por que o processo não atende ao requisito da norma (como mostrado no Quadro 7.2). Isso porque o auditado (pode ser o gestor do processo ou o colaborador que atendeu o auditor) pode não aceitar a não conformidade, o que é direito dele.

Na prática, ninguém gosta de receber uma não conformidade, pois, em alguns casos, os auditados se sentem culpados e até incompetentes. Essa percepção demonstra que a empresa ainda não está com seu SGQ maduro e que os colaboradores ainda não compreendem que uma não conformidade deve ser interpretada como uma necessidade de melhorar algum processo. Portanto, compete ao auditor realizar uma auditoria baseada em fatos e dados e, claro, conversar com o auditado para não deixar dúvidas.

A conversa com o auditado é útil para constatar se a falha percebida é pontual ou sistêmica. Se for pontual, uma ação isolada do processo auditado resolverá a situação; se for sistêmica, será preciso um trabalho conjunto com outros processos para encontrar uma solução definitiva.

Uma não conformidade precisa ser respondida, e uma ação deve ser tomada. Ante a não conformidade aberta por uma auditoria interna (de primeira parte), o auditado, o responsável pelo processo de auditorias e o auditor que a registrou se reúnem e discutem o caso para encontrar uma solução. Além disso, é possível envolver toda a equipe de auditoria, caso seja necessário.

É importante saber que, quando a empresa se submeter a uma auditoria externa, o auditor certamente verificará as não conformidades internas registradas no período e como foram solucionadas ou, ainda, como está o encaminhamento para a solução.

Se a não conformidade for aberta por uma auditoria externa (de terceira parte), dependendo da gravidade atribuída, o auditor externo pode interromper a auditoria e solicitar que a empresa aja imediatamente na identificação da causa e em sua eliminação ou trativa adequada.

Assim, por exemplo, se uma indústria adquiriu um novo equipamento para embalar produtos e não registrou a capacitação dos colaboradores que o estavam operando, embora o gestor do processo tenha afirmado que os colaboradores foram capacitados, não é possível evidenciar o registro da capacitação, o que fere tanto a norma de gestão ISO 9001 quanto a ISO 45001, que trata da saúde e segurança do trabalhador. Como é um evento que coloca em risco a integridade física do colaborador, o auditor pode parar imediatamente sua auditoria externa e reportá-lo ao órgão competente que ele representa. Nesse caso, a empresa tem de providenciar a capacitação dos colaboradores com a carga horária exigida para operar com segurança, registrar o certificado emitido por empresa especializada naquele tipo de qualificação, além de manter os registros e certificados junto à pasta do colaborador no setor de gestão de pessoas. Depois disso, a empresa auditada pode contatar a empresa de auditoria externa e solicitar que conclua o ciclo de auditoria.

Ainda sobre a auditoria externa, caso o auditor identifique uma não conformidade que pode ser considerada normal, ele pode dar seguimento ao processo de auditoria e reportar tudo em seu relatório final, bem como dar um prazo para a empresa tratar as não conformidades.

O procedimento mais comum nesses casos é o seguinte: a empresa auditada aceita a não conformidade; realiza as melhorias no prazo estipulado pelo auditor; e encaminha o relatório para a empresa de auditoria externa. Na auditoria externa posterior, essas não conformidades são verificadas pelo auditor externo (que pode ser diferente do auditor anterior) e sua eficácia é avaliada, encerrando-se as pendências.

Para tratar as não conformidades, internas ou externas, os auditores utilizam ferramentas, metodologias ou técnicas para agilizar o processo de melhoria. Entre elas estão: o ciclo PDCA, que já foi mencionado diversas vezes nesta obra e é comumente utilizado pelas normas; o diagrama de Ishikawa, para identificar a causa; e o 5W2H, para construir um plano de ação. Na próxima seção, veremos justamente como chegar ao plano de ação.

7.2
Elaboração de plano de ação

Para elaborar um plano de ação com vistas a eliminar uma não conformidade, é preciso ter definido o **problema**, o que, para o auditado, nem sempre está tão claro quanto para o auditor. Para facilitar esse processo, um caminho a ser seguido pode ser o descrito na Figura 7.1.

FIGURA 7.1 – Etapas da elaboração de um plano de ação

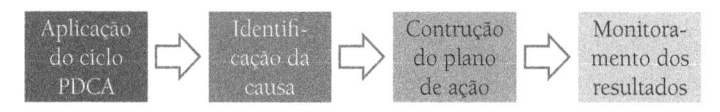

Aplicação do ciclo PDCA ⇨ Identificação da causa ⇨ Contrução do plano de ação ⇨ Monitoramento dos resultados

A aplicação do PDCA é simples e tem como objetivo manter a empresa em melhoria contínua. Ademais, é muito útil no caso de análise e busca pela solução da não conformidade apontada pela auditoria. No exemplo a seguir, discutimos quem tem a obrigação de responder a uma não conformidade.

Exemplo prático

Um auditor externo registrou uma não conformidade para o processo de SGQ da fábrica de ventiladores Alfa. O procedimento de embalagem indicava que, em cada embalagem, deveria ser inserida uma instrução de montagem, uma vez que é o cliente quem tem de montar o produto depois de adquirido.

Foram registradas pelo setor comercial reclamações de vários clientes mencionando que não havia a instrução de montagem dentro da caixa do ventilador. O setor comercial registrou as reclamações, atualizou o sistema com as informações e solicitou um parecer do processo de embalagem. Esse é um procedimento comum na indústria Alfa, mas o SGQ tem determinado que o processo em que a falha foi gerada deve receber uma não conformidade interna, respondê-la e apresentar um plano de ação para evitar que o problema se repita.

> O fato é que o setor de embalagem recebeu a não conformidade por parte do setor de vendas e não a respondeu, tampouco criou um plano de ação para tratar do problema. Ao chegar ao setor de embalagem, o auditor externo encontrou esse processo parado e aplicou uma não conformidade para o SGQ, por ter deixado que a situação chegasse a esse ponto, ferindo o requisito 10.2.1 (b) da Norma ISO 9001, segundo o qual é preciso "avaliar a necessidade de ação para eliminar a(s) causa(s) da não conformidade, a fim de que não se repita ou ocorra em outro lugar" (ABNT, 2015a, p. 22).
>
> E como essa situação poderia ter sido conduzida? O processo de embalagem, em conjunto com o responsável pelo SGQ, poderia ter aplicado o PDCA e, por meio das ações tomadas, evitado a não conformidade externa.
>
> No caso descrito, com a informação da não conformidade gerada para o processo de embalagem da Alfa – um lote sem a instrução de montagem inclusa na caixa do ventilador –, é possível preencher o PDCA de forma bem simples.

Considerando esse exemplo, a seguir, detalharemos cada fase do PDCA.

Fase *Plan* (Planejar)

Nessa fase, é importante compreender qual foi o verdadeiro problema e sua extensão, para que se proceda à análise da causa. Para tal, é preciso levantar alguns questionamentos: Será que foi mero esquecimento o fato de a instrução de montagem não ter sido colocada dentro de cada caixa? Ou será que ocorreu algo diferente? Com base nesses e em outros questionamentos, é conveniente aplicar o diagrama de Ishikawa para identificar a causa.

O diagrama de Ishikawa, ou espinha de peixe (por seu formato), é uma das sete ferramentas básicas da qualidade. Ele é de fácil entendimento por parte dos usuários e não requer muito tempo para aplicação. Observe o modelo conceitual da Figura 7.2.

FIGURA 7.2 – Modelo conceitual do diagrama de Ishikawa

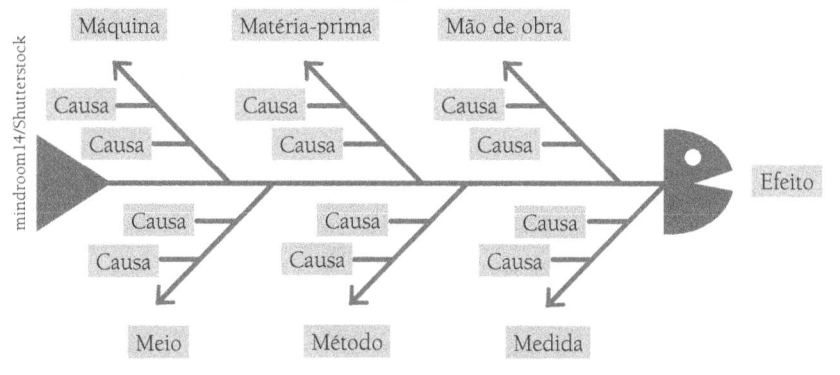

```
         Máquina      Matéria-prima    Mão de obra
           ↖              ↖                ↖
        Causa─        Causa─           Causa─
         Causa─        Causa─           Causa─
    ◁──────────────────────────────────────────◁  Efeito
         Causa─        Causa─           Causa─
         Causa─        Causa─           Causa─
           ↙              ↙                ↙
          Meio          Método           Medida
```

Fase *Do* (Fazer)

Nessa fase, o diagrama de Ishikawa para a não conformidade recebida pela Alfa pode ser aplicado em equipe; os colaboradores de setores diferentes (que tenham conexão com o processo que apresentou uma não conformidade) analisam os seis elementos (máquina, meio, método, medida, matéria-prima e mão de obra) e opinam sobre o ocorrido.

Num segundo momento, as ideias que surgirem durante a discussão (espécie de sessão de *brainstorming*) são filtradas criticamente, sendo selecionadas aquelas mais aderentes ao problema. Sem a pretensão de resolver a não conformidade da Alfa na ausência de uma análise muito acurada, mas apenas como sugestão, percebemos que dois elementos que apresentaram mais chances de terem causado a falha foram: (1) mão de obra, que poderia ter sido substituída naquele lote específico ou estava inapta; e (2) método, que pode não ter sido aplicado à operação.

Depois de identificar a causa, é possível definir objetivos e métodos para uma resolução eficaz. A ferramenta indicada para tal medida é o 5W2H, o qual propõe sete questionamentos que ajudam o gestor do processo a direcionar a melhoria, como mostra o Quadro 7.3.

QUADRO 7.3 – Exemplo de 5W2H aplicado

Processo/Subprocesso: Setor de Embalagem Equipe envolvida: Gestor do processo; gestor do SGQ; equipe de auditoria interna Oportunidade de melhoria: Falta de instrução de montagem na embalagem		Data da abertura: 01/06/XXXX
Questões	Descrição da atividade	Prazo entrega
What (O quê)?	Analisar a extensão da falha indicada.	05/06
Who (Quem)?	O gestor do processo e o auditor.	05/06
Where (Onde)?	No setor de embalagem.	05/06
When (Quando)?	No dia 5 de junho.	05/06
Why (Por quê)?	Para eliminar a causa da não conformidade.	05/06
How (Como)?	Rastrear lote defeituoso e analisar o índice de reclamação dos clientes.	10/06
How much (Quanto)?	2 horas de cada colaborador envolvido.	10/06

FONTE: Elaborado com base em Silva; Silva, 2017, p. 95.

O quadro apresenta a aplicação do 5W2H de forma simplificada, porém o gestor pode (e deve) adaptá-lo para sua realidade, inserindo os elementos que serão úteis para a resolução do problema-alvo.

Fase *Check* (Verificar)

A checagem é realizada levando-se em conta as atividades que foram atribuídas a cada área e se as datas propostas no plano de ação foram cumpridas. Como ferramenta, o gestor da qualidade da Alfa pode utilizar o 5W2H ou criar um *checklist* para registrar os avanços da equipe.

Fase *Act* (Agir)

Caso os responsáveis tenham cumprido as datas e realizado as melhorias e, ainda, o resultado tenha sido positivo, o processo tem continuidade contemplando as novas metodologias. Caso não tenha atingido o objetivo de eliminar a causa da falta de instrução de montagem nas embalagens dos ventiladores da Alfa, o ciclo PDCA é novamente aplicado para que se busquem outras soluções para essa falha.

A aplicação das ferramentas citadas poderia ter sido utilizada para a resolução da não conformidade interna da Alfa antes da visita do auditor externo, o que, consequentemente, teria evitado a não conformidade externa.

7.3
Indicadores de *performance* das auditorias

Certa vez, Edwards Deming (1900-1993), o estatístico americano referência em qualidade, afirmou que "o que não é medido não é gerenciado". Essa frase, bem como suas diversas adaptações, é utilizada para ilustrar a importância de se conhecer o comportamento dos processos, o que faz muito sentido também para a realidade das auditorias. Isso ocorre porque, durante um ciclo de auditorias, inúmeros dados são levantados sobre as operações, e informações importantes para a melhoria contínua podem ser obtidas.

Como as auditorias são realizadas por meio de análise amostral, no universo analisado pode haver conformidades e não conformidades. O ideal é que um ciclo de auditoria registre muito mais conformidades do que não conformidades, pois isso demonstra a maturidade do SGQ e o comprometimento da equipe de gestores e auditores para o fomento da cultura da qualidade. Com o fechamento do ciclo, é preciso analisar os dados obtidos, que são as constatações de auditoria, e avaliá-los à luz dos objetivos que foram definidos no início do ciclo.

A Norma ISO 19011 trata dessa temática em seu item 5.2 (Estabelecendo objetivos do programa de auditoria), no qual consta que os objetivos da auditoria podem ser baseados em alguns elementos: "e) nível de desempenho e nível de maturidade do(s) sistema(s) de gestão do auditado, como refletido nos indicadores de desempenho pertinentes (por exemplo, KPI), a ocorrência de não conformidades ou incidentes ou reclamações de partes interessadas" (ABNT 2018d, p. 10).

Na prática da auditoria interna, quando o gestor do processo de auditoria planeja o programa anual, ele já contempla os objetivos para cada ciclo. Isso significa que, se cada ciclo ocorrer quadrimestralmente, haverá três grandes objetivos para o processo de auditoria interna ao ano.

Na Norma ISO 19011, estão arrolados alguns exemplos de objetivos, como: "identificar oportunidades para a melhoria de um sistema de gestão e de seu desempenho; avaliar a capacidade do auditado de determinar seu contexto; determinar a contínua adequação, suficiência e eficácia do sistema de gestão do auditado" (ABNT, 2018d, p. 10).

Definidos os objetivos, o passo seguinte é definir os indicadores de desempenho, que servirão como base de avaliação do ciclo de auditoria, que buscará responder: Será que os objetivos foram atingidos? A resposta a essa questão pode ser encontrada aplicando-se indicadores de desempenho, como:

- **Número de auditorias previstas *versus* realizadas** – No programa de auditoria, consta o número de processos a serem auditados em determinado período. Esse indicador evidenciará se os auditores conseguiram cumprir o programa no prazo previsto. Nesse caso, os dois elementos são importantes para a análise, tanto o número de auditorias realizadas quanto o prazo (se foi respeitado).
- **Tempo médio das auditorias** – Em empresas que contam com processos de auditorias já maduros, o responsável pelo processo de auditoria e os auditores já conhecem o tempo médio a ser dedicado a cada processo. Por exemplo, o processo de engenharia de produtos necessita, em média, de quatro horas

para ser auditado, porque envolve atividades complexas; já o setor de gestão de contratos abrange menos tarefas a serem verificadas, demandando, em média, duas horas. Isso é importante para atribuir transparência e seriedade ao programa de auditoria, além de ser útil para saber quanto tempo será necessário para cumpri-lo.

- **Identificação de riscos** – As auditorias são excelentes oportunidades para a empresa conhecer os riscos de seus processos, bem como os riscos do negócio, visto que pode haver aquelas de primeira, segunda e terceira partes. Por essa razão, o auditor tem de estar qualificado para identificar os riscos significativos da empresa, como requisitos regulamentares e impactos da legislação, como a Lei Geral de Proteção de Dados (LGPD) – Lei n. 13.709, de 14 de agosto de 2018 (Brasil, 2018). Para esse tipo de indicador, recomenda-se atribuir níveis de tolerância e revisá-los continuamente.
- **Número de oportunidades de melhoria registradas** – Como já mencionamos, o intuito é buscar conformidades, mas, considerando-se que não conformidades (oportunidades de melhorias) também ocorrem, é preciso preparar-se para lidar com elas. O indicador que avalia o número de não conformidades pode ser utilizado como parâmetro de comparação com o ciclo anterior e para determinar metas de redução para o ciclo seguinte.
- **Número de oportunidades de melhorias encerradas** – É conveniente verificar como o gestor responsável pelo processo de auditoria está monitorando as não conformidades que foram registradas em determinado ciclo. O indicador é importante porque será verificado pelo auditor externo no início da auditoria externa.
- **Tempo de entrega dos relatórios de auditorias** – Como a entrega dos relatórios finais de auditoria representa o fechamento do ciclo, esse indicador mostra a eficácia da atividade.

Os indicadores citados são comumente utilizados para o processo de auditoria; no entanto, a Norma ISO 19011 também evidencia a importância de se avaliar a *performance* dos auditores. Essa atividade é de competência do responsável pelo processo de auditoria, que pode ser um auditor líder ou não.

De acordo com o item 7.3, que trata do estabelecimento de critérios de avaliação de auditor da Norma ISO 19011 (ABNT, 2018d, p. 39),

> Convém que os critérios sejam qualitativos (como ter demonstrado comportamento, conhecimento ou desempenho desejável das habilidades, em treinamento ou em local de trabalho) e quantitativos (como os anos de experiência de trabalho e educação, número de auditorias conduzidas, horas de treinamento em auditoria).

A norma lista sugestões para a realização da avaliação dos auditores, conforme mostra o Quadro 7.4.

QUADRO 7.4 – Métodos de avaliação de auditores

Métodos de avaliação	Objetivos	Exemplos
Análise crítica dos registros	Verificar a formação profissional do auditor.	Análise de registros de educação, treinamento, emprego, credenciais profissionais e experiência em auditar.
Realimentação	Fornecer informações sobre como o desempenho do auditor é percebido.	Pesquisas, questionários, referências pessoais, testemunhos, reclamações, avaliação de desempenho, análise crítica por pares.
Entrevista	Avaliar o comportamento profissional e a habilidade de comunicação desejada para verificar informações, testar conhecimentos e adquirir informações adicionais.	Entrevista pessoal.
Observação	Avaliar o comportamento profissional desejado e a capacidade para aplicar conhecimento e habilidades.	Desempenho de funções, auditorias de testemunho e desempenho no trabalho.

(continua)

(Quadro 7.4 – conclusão)

Métodos de avaliação	Objetivos	Exemplos
Teste	Avaliar o comportamento, o conhecimento e as habilidades desejados e sua aplicação.	Exames orais e escritos, testes psicométricos.
Análise crítica pós-auditoria	Fornecer informações sobre o desempenho do auditor durante as atividades de auditoria; identificar forças e oportunidades para melhoria.	Análise crítica do relatório de auditoria, entrevistas com o líder da equipe de auditoria e com a equipe de auditoria e, se apropriado, *feedback* do auditado.

Fonte: Elaborado com base em ABNT, 2018d, p. 40.

O quadro aponta seis sugestões de métodos de avaliação com os respectivos objetivos e exemplos para aplicação. No entanto, é possível adotar outros métodos, como a autoavaliação, em que a responsabilidade também é dividida com o auditor, ou até mesmo mesclar métodos, para que a avaliação seja mais abrangente.

E como determinar os indicadores de desempenho mais adequados? Para responder a esse questionamento, abordaremos dois modelos: (1) o proposto por Paladini (2011) e (2) o proposto por Drucker (método Smart).

Segundo Edson Pacheco Paladini, pesquisador referência da área de qualidade no Brasil, o gestor tem de compreender três pontos essenciais sobre indicadores: (1) a importância deles no processo de melhoria; (2) sua caracterização; e (3) a qualidade em ambientes distintos. Sobre a importância dos indicadores, Paladini (2011, p. 27) afirma que "são elementos básicos da avaliação da qualidade". Já sobre sua caracterização, o autor contribui com um conjunto de características, conforme expresso no Quadro 7.5.

QUADRO 7.5 – Elementos essenciais em indicadores

Características	Breve descrição
1 – Objetividade	Capacidade de expressar de forma simples e direta a situação a que se refere a avaliação; geralmente, por meio de números.
2 – Clareza	Qualidade de ser compreensível para todas as partes interessadas.
3 – Precisão	Propriedade de comunicar sentido inequívoco, sem propiciar dupla interpretação.
4 – Viabilidade	Característica de prever somente informações ou procedimentos disponíveis.
5 – Representatividade	Capacidade de demonstrar da forma mais simples possível o contexto a que se refere, com amostra ou processos bem-definidos.
6 – Visualização	Inclusão de gráficos e imagens para expressar visualmente a realidade da situação encontrada.
7 – Ajuste	Possibilidade de ser adaptado à realidade da organização (de modo a evitar modelos prontos de outras empresas).
8 – Unicidade	Possibilidade de ser aplicado a situações semelhantes.
9 – Alcance	Ênfase na avaliação das causas e não somente nos defeitos encontrados.
10 – Resultados	Qualidade de expressar resultados já alcançados, e não projetos, planos e metas futuras.

FONTE: Elaborado com base em Paladini, 2011, p. 28-29.

Aplicando esses caracteres desejáveis de um indicador ao contexto das auditorias, o responsável pelo processo deve considerar essas e outras características cabíveis ao definir quais indicadores farão parte do processo de avaliação dos ciclos de auditorias.

A respeito dos ambientes nos quais a qualidade acontece, o autor menciona: *in line*, *on line* e *off line*, como consta no Quadro 7.6.

QUADRO 7.6 – Ambientes de avaliação da qualidade

Ambiente	Características
In line – Ênfase no processo produtivo	Ausência de defeitos; capacidade de produção; estratégias de operação da empresa; produtividade; otimização de processos; atendimento às especificações.
On line – Ênfase nas relações com o mercado	Relação com o mercado; percepção das necessidades e conveniências de clientes e consumidores; pronta reação às mudanças; esforço da empresa para captar as alterações nas preferências do mercado; repasse das informações aos processos produtivos e outros.
Off line – Ênfase no suporte ao processo	Ações de suporte à produção; manutenção em dia; atividades que influenciam na produção como PPCP (planejamento, programação e controle da produção); atividades das áreas que organizam os processos, como *layout* e segurança do trabalho.

FONTE: Elaborado com base em Paladini, 2011, p. 31-32.

A proposta de Paladini (2011) evidencia que, no ambiente *in line*, os indicadores representam os processos internos e são voltados à **eficiência**. Já o ambiente *on line* corresponde aos processos externos e à **eficácia**. Por fim, o ambiente *off line* é o que **integra** os outros dois (*in line* e *on line*).

Outro modelo que pode ser utilizado é o método Smart, proposto por Peter Drucker (1909-2005), um ícone nos estudos da administração moderna. Em linhas gerais, o nome do método é a junção das iniciais dos termos que expressam as qualidades esperadas de um indicador, quais sejam:

- *Specific*/**Específico** – O indicador deve demonstrar exatamente a informação de que o gestor das auditorias precisa para manter o processo em melhoria contínua. Por exemplo, se o gestor quiser saber se o ciclo de auditoria foi realizado conforme o previsto, o indicador será específico para comparar o previsto com o realizado.
- *Measurable*/**Mensurável** – O indicador deve mensurar algo que possa e precise ser mensurado, como: quantos auditores foram necessários para determinado ciclo; quanto tempo, em

média, foi necessário para cada auditoria; quantas conformidades ou oportunidades de melhoria foram registradas.
- *Achievable (Attainable)*/**Atingível** – O indicador deve conter metas realistas e alcançáveis para que as partes interessadas se comprometam com o alcance delas. O gestor do processo de auditoria precisa ter noção do que é possível ou não. Por exemplo, se ele estipular uma meta de zero não conformidades para aquele ciclo, precisa ter bem claro que isso pode estimular os auditores a evitar registrar não conformidades para atingir a meta.
- *Relevant*/**Relevante** – Um indicador precisa contribuir para a melhoria dos processos e não pode ser somente mais uma informação no quadro de avisos de uma organização. Por isso, compete ao gestor do processo de auditoria determinar quais indicadores realmente são relevantes, como: quantos requisitos da norma, expressivos para o processo, o auditor verificou; quantas não conformidades foram respondidas no período analisado.
- *Time-base*/**Tempo definido** – É muito importante que um indicador expresse o período que está sendo considerado para o alcance da meta. No processo de auditoria, o gestor pode determiná-lo de acordo com o programa definido, que pode ser mensal, quadrimestral, semestral, entre outras possibilidades.

7.4 Como manter o sistema de qualidade ativo

Tanto empresas recém-certificadas quanto aquelas que contam com SGQs maduros enfrentam o desafio de manter o sistema de qualidade ativo, e isso ocorre por diversos motivos.

Numa empresa recém-certificada, a equipe que esteve envolvida no processo de certificação não pode entrar na zona de conforto. Afinal, a obtenção do certificado não é o fim do caminho, mas apenas o começo. Diante disso, a equipe precisa desenvolver mecanismos para se manter conectada com o processo de melhoria, bem como manter os demais colaboradores engajados nesse propósito.

Por óbvio, se a equipe que esteve à frente do processo de certificação se acomodar, o SGQ corre o risco de perder grande parte dos ganhos adquiridos com as modificações implementadas. Como já informamos, uma empresa certificada passa por auditorias externas regulares, sendo altamente desaconselhável deixar para se preparar somente uma semana antes da auditoria. Tal prática pode facilitar o surgimento de não conformidades por motivos fúteis, como esquecimento de atualização de documentos, distribuição de documentos atualizados, não resposta ao cliente no tempo informado no *site*, entre outros.

Já empresas certificadas há um longo tempo, teoricamente, têm o SGQ maduro, e todos os colaboradores conhecem suas responsabilidades e os riscos de entrar na zona de conforto. Ainda assim, isso acontece. Diante desse desafio, muitas empresas exigem que seus sistemas de qualidade se mantenham ativos. Uma maneira de monitorar isso é cobrar relatórios mensais dos resultados da qualidade, bem como fazer o acompanhamento das não conformidades e suas tratativas.

Conhecendo essa dificuldade que as organizações naturalmente enfrentam, o gestor do processo de auditorias (que pode ser o gestor do SGQ também) precisa pensar em ações para manter todas as partes interessadas comprometidas com o sistema de qualidade. Algumas sugestões que podem ser adaptadas para a realidade de diferentes organizações são:

- **Tornar a equipe de auditores um grupo de trabalho** – Tradicionalmente conhecido como GT, os auditores podem se reunir uma vez ao mês. Esses encontros podem ser utilizados para a qualificação constante de todos; troca de informações e experiências; criação de uma identidade para o grupo e sentimento de pertencimento; busca de soluções conjuntas para desafios comuns dos processos e da empresa, entre outras possibilidades.
- **Criar grupos de gestores** – Grande parte das empresas que estão organizadas de maneira funcional e hierarquizada conta com gerentes, coordenadores, líderes, supervisores e outros. Para manter o SGQ ativo, recomenda-se criar um grupo no qual possam trocar informações e falar sobre as dificuldades encontradas em seus processos. É sempre mais vantajoso discutir um problema em equipe, porque são formuladas mais sugestões para a solução, ou seja, são levantados outros pontos de vista para o mesmo problema.
- **Criar grupos Kaizen** – Anteriormente eram chamados de Círculos de Controle de Qualidade (CCQs). Os colaboradores participantes desses grupos buscam a melhoria contínua por meio de reunião e análise dos problemas cotidianos da organização, assim como soluções simples e de baixo custo. A identificação dos problemas de maneira antecipada é uma forma de trabalhar a melhoria contínua no processo preventivo, e não reativo. Isso certamente é um diferencial nos ciclos de auditorias, internas ou externas. Ademais, os grupos Kaizen podem ser o suporte de que o gestor do SGQ necessita para manter o sistema de qualidade ativo.
- **Promover eventos de valorização da qualidade** – O gestor do SGQ, em parceria com a equipe de auditores, deve organizar eventos Kaizen; semana da qualidade; dia do auditor; dia da qualidade interna da empresa; *workshop* entre os setores ou com outras empresas. Também pode receber gestores e

auditores de outras empresas e realizar visitas para conhecer o sistema da qualidade de outras empresas ou para *benchmark*.

- **Instituir pequenas reuniões da qualidade** – Algumas empresas chamam esses encontros de *minutos da qualidade*, nos quais são discutidos assuntos pertinentes à qualidade da organização.
- **Criar canais de comunicação interna ou utilizar os canais que já existem** – Pode-se aproveitar o jornal interno da empresa, criar conteúdo sobre a qualidade da empresa e divulgar em *blogs*, *podcasts* e por *e-mail* a todos colaboradores da organização. Na prática, não existe mais desculpa para não comunicar aos colaboradores o que está acontecendo com o SGQ da organização.
- **Manter a alta direção conectada aos acontecimentos relacionados ao SGQ** – Isso não significa sobrecarregar a alta direção com problemas e tarefas operacionais, e sim mantê-la informada sobre os principais eventos da qualidade que o SGQ organiza, bem como sobre os resultados das auditorias.

As sugestões apresentadas são algumas possibilidades que o gestor do processo de auditoria, ou responsável pelo SGQ, pode adotar para garantir que o sistema da qualidade se mantenha ativo entre todas as partes interessadas envolvidas nesse processo.

7.5
Desafios futuros das auditorias

Uma das afirmações mais verdadeiras é esta: a única certeza que temos é que tudo muda. Isso faz muito sentido quando avaliamos a quantidade de produtos e serviços aos quais temos acesso na atualidade e que não existiam poucos anos atrás. Eis algumas das inovações que impactam as auditorias: Internet of Things (IoT), LGPD, *drones*, Big Data, *blockchain*, *streaming*, *home office*, *compliance*, impressão 3D, mídias sociais, carteira digital, bancos digitais, educação a distância, autosserviço, veículos elétricos, auditorias remotas, segurança cibernética, produção automatizada e plataforma *on-line* de reuniões. E como esses elementos impactam as auditorias?

Mencionamos esses itens de maneira aleatória propositalmente, para que os responsáveis pelos processos de auditorias, bem como os auditores, lembrem que as mudanças ocorrem dessa forma também. Isso exige que os auditores se qualifiquem e estejam atentos às mudanças, não somente da empresa, mas do mercado.

Alguns dos desafios das auditorias causados pelos elementos citados residem nos seguintes aspectos:

- **Realização remota das auditorias** – Nos processos administrativos, as auditorias, que são basicamente documentais e ocorrem por meio de checagem em sistemas informatizados, já têm sido realizadas remotamente. Por ora, nem todos os processos podem ser auditados de modo remoto, mas, com o avanço da tecnologia, principalmente da IoT – internet das coisas aplicada às máquinas e equipamentos –, o auditor poderá acessar os dados das máquinas e equipamentos remotamente e compará-los com os registros do processo, bem como com os procedimentos predeterminados.
- *Compliance* – As auditorias da qualidade têm sido utilizadas para garantir que a empresa está cumprindo regras, leis e padrões determinados para o negócio. Isso dá suporte às práticas de *compliance* das organizações e auxilia na construção da imagem institucional.
- *Home office* – Desde 2020, como consequência da pandemia de covid-19, o *home office*, também chamado de *trabalho remoto*, tornou-se a realidade de muitas organizações no Brasil e no mundo. Nesse caso, o desafio para as auditorias da qualidade é que o colaborador se comprometa com o resultado de suas atividades da mesma forma que ocorreria se ele estivesse na empresa.

- **Segurança cibernética** – Esse elemento tem conexão direta com o item anterior, pois é um desafio garantir a segurança cibernética dos colaboradores que acessam os sistemas informatizados das organizações diretamente de suas casas. O desafio está em afiançar que o colaborador utilize a internet e a tecnologia da informação e da comunicação (TIC) de forma segura e que não coloque em risco os sistemas da empresa.
- **Educação a distância** – Esse elemento é um facilitador para o processo de educação continuada, tanto dos colaboradores das organizações quanto dos auditores. Na atualidade, a oferta de cursos e qualificações específicas no formato *on-line* é enorme, facilitando o acesso ao conhecimento de maneira simples (pode ser por computador, *notebook*, *tablet*, *smartphone*); com horários flexíveis, pois muitos são síncronos, assíncronos ou híbridos; e com custo acessível. Além disso, na internet há muito conteúdo de qualidade disponibilizado por instituições e profissionais competentes que encontraram no compartilhamento de conhecimento uma forma de monetizar seu negócio.
- **Autosserviço** – Os consumidores estão cada vez mais autônomos para consumir produtos e serviços. Isso impacta a economicidade do processo de atendimento ao cliente, mas é um desafio para as empresas criar produtos e serviços mais sofisticados. Para as auditorias, a dificuldade é identificar se o consumidor está utilizando corretamente o produto/serviço de modo que atenda a suas necessidades e expectativas.

Esses e outros elementos já servem como ponto de reflexão para o gestor do processo de auditoria, bem como para todos os auditores, internos ou externos. O fato é que novas tecnologias serão criadas a todo tempo, propiciando o lançamento de produtos e serviços de maneira acelerada. Com isso, surgirão também novos modelos de negócio e de gestão. Por essa razão, a busca incessante pelo conhecimento será um dos alicerces para entender os desafios impostos como oportunidades de crescimento e melhoria.

Síntese

Dedicamos este último capítulo à discussão sobre a importância dos registros de conformidades, não conformidades e observações para alavancar o processo de melhoria contínua. Identificados os pontos de melhoria, compete ao responsável pelo processo de auditoria e à equipe, incluindo os gestores, construir um plano de ação, aplicá-lo e monitorar os resultados.

Explicitamos que, ao finalizar um ciclo de auditorias, é preciso avaliar os indicadores aplicados para comparar o alcance das metas estabelecidas. Essa avaliação deve ocorrer tanto no processo de auditoria quanto no desempenho dos auditores. Além disso, refletimos sobre os desafios de se manter o SGQ ativo e o comprometimento dos colaboradores. Para finalizar, discorremos sobre a importância de se avaliar como as auditorias estão sendo impactadas pelas inovações tecnológicas e o que o futuro reserva para esse tipo de atividade.

Questões para revisão

1. O fim de um ciclo de auditoria é uma ocasião na qual o gestor do processo de auditorias de uma empresa precisa avaliar os resultados obtidos. Posteriormente, a alta direção pode aproveitar esses dados como *input* para as melhorias necessárias. Os resultados advêm dos registros de conformidades, não conformidades (oportunidades de melhoria) e observações feitas pelos auditores. Tendo isso em vista, diferencie cada um desses registros.

2. Durante um ciclo de auditoria, os auditores visitam os processos e solicitam evidências aos gestores para atestar se os requisitos das normas estão sendo atendidos. Na prática, os auditores sempre realizam suas auditorias buscando conformidades;

no entanto, podem ocorrer não conformidades. Caso aconteça essa segunda situação, explique como o auditor pode encaminhar esse processo.

3. Finalizado o ciclo de auditoria, os resultados apresentados nos relatórios de fechamento são registrados como conformidades, não conformidades (ou oportunidades de melhoria) e observações. Sabendo disso, avalie as sentenças a seguir.

   I. O auditor constatou que o item 6.1.2 (a) da Norma ISO 9001 – a organização deve planejar ações para abordar riscos e oportunidades – estava conforme.

   II. O item 7.1.2 da Norma ISO 9001 – a organização deve determinar e prover pessoas necessárias – foi considerado uma observação, porque a rotatividade de pessoas no processo auditado é alta, o que pode impactar seu desempenho.

   III. O item 9.1.3 da Norma ISO – a organização deve analisar e avaliar dados e informações provenientes de monitoramento e medição – foi considerado opcional pelo gestor, e o auditor concordou anulando a oportunidade de melhoria que estava aberta.

   Está(ão) correta(s) a(s) conduta(s) descrita(s) apenas em:

   a) I e II.
   b) II.
   c) I e III.
   d) III.
   e) I.

4. A finalização de um ciclo de auditoria culmina na avaliação dos indicadores, para verificar se as metas propostas inicialmente foram atendidas ou não. Entre os indicadores, os mais utilizados são: número de auditorias previstas *versus* realizadas; tempo médio das auditorias; identificação dos riscos; número de oportunidades de melhoria registradas; número

de oportunidades de melhoria encerradas; tempo de entrega dos relatórios das auditorias. Considerando esse contexto, analise as sentenças a seguir e assinale aquela que descreve corretamente uma situação apontada pelo indicador "identificação dos riscos":

a) A comparação entre o tempo que estava previsto para cada auditoria e o tempo gasto foi considerada satisfatória.
b) No relatório de fechamento da auditoria, foi registrado que uma máquina apresentou falha e pode ter gerado um lote de produto defeituoso.
c) Foi comparada a quantidade de auditorias realizadas pelos auditores internos com a quantidade de processos que estavam na lista para serem auditados.
d) O responsável pelo processo de auditoria avaliou que o número de oportunidades de melhorias registradas nesse ciclo foi menor do que no ciclo anterior.
e) As oportunidades de melhoria que foram abertas nesse ciclo foram resolvidas durante o ciclo de auditoria, totalizando cem por cento de encerramento.

5. Quando uma empresa decide buscar uma certificação, uma megaoperação é realizada, e todos os colaboradores se envolvem; assim, mudanças significativas são implementadas. Contudo, depois de obter a certificação, tem início um processo que é um verdadeiro desafio: a manutenção desse certificado. Isso porque, se todos se acomodarem e voltarem a fazer tudo como antes, todo o esforço e investimento poderão ter sido em vão. Para evitar situações como essa, o responsável pelo SGQ pode aplicar algumas estratégias, como:

I. Incentivar a comunicação clara e sem ruído entre as equipes.
II. Manter a equipe de auditores em constante qualificação externa.

III. Formar grupos de trabalho para dividir as tarefas que competem aos colaboradores.
IV. Tornar os gestores dos processos multiplicadores da qualidade na empresa.

Está(ão) correta(s) apenas:

a) I.
b) I e IV.
c) II e III.
d) III e IV.
e) I, II e III.

Questões para reflexão

1. Após a finalização das auditorias internas, é comum o responsável pelo processo de auditoria (que pode ser o responsável pelo SGQ) reunir-se com os auditados e os auditores para traçar planos de ação, principalmente para solucionar as oportunidades de melhoria e as observações identificadas. Isso ajuda a manter o processo em melhoria contínua. Transpondo essa situação para sua realidade profissional ou pessoal, responda: Você costuma fazer planos de ação para melhorar seus processos ou para atingir seus objetivos pessoais?

2. Leia o trecho a seguir e, depois, faça o que se pede:

   > Todo gestor deve ter em mãos os resultados de seu trabalho para nortear novos rumos à qualidade. No entanto, infelizmente, não é isso o que acontece, principalmente em termos de micro e pequenas empresas. Em algumas desse porte, simplesmente não há indicadores. Há outras empresas, por exemplo, em que os indicadores até existem, porém, não são apropriados, não atendem aos objetivos de qualidade ou simplesmente não são utilizados. (Chiroli, 2016, p. 80)

a) Pesquise sobre as dificuldades das micro ou pequenas empresas em adotar indicadores.
b) Explique por que as empresas que já têm indicadores implementados não os utilizam corretamente.

A indústria de molas Molinno

A indústria Molinno fabrica molas e outras peças de metal para todo o território nacional e atende a outras indústrias, ou seja, é especializada em *business to business* (B2B). A empresa atua há vinte anos nesse mercado. Está bem consolidada, mas busca crescer.

Na última reunião da alta direção, decidiu-se que a Molinno pleiteará a certificação IATF 16949, uma vez que já obteve a ISO 9001 e a ISO 14001. No entendimento da alta direção, os processos estavam bem estabelecidos, não havendo impedimentos para começar o planejamento imediatamente. O diretor comercial até comentou: "Bom, se estamos em março e a auditoria de recertificação é em novembro, temos tempo de organizar e fazer uma auditoria combinada. Assim, receberemos os dois certificados ao mesmo tempo. Isso seria muito bom para a imagem da empresa no mercado".

Ao ouvir esse comentário, o diretor de operações ficou apreensivo, pois o representante da direção (RD) havia se aposentado recentemente, tendo ficado definido que iriam contratar um profissional externo para oxigenar o sistema de gestão, embora ainda não tivessem nada concreto. Além disso, os colaboradores mais antigos ainda não tinham esquecido como fora o processo de obtenção das outras duas certificações. Quando a empresa optara por se certificar no passado, para que o processo ocorresse de maneira rápida, selecionou uma empresa externa para liderar os trabalhos e preparar tudo o que fosse necessário para que a certificação fosse atingida. As lembranças da condução desse processo deixaram marcas profundas nos envolvidos, pois ocorreu de forma conflituosa. Na prática, os colaboradores não conseguiram entender todo o contexto, tampouco os benefícios que um sistema de gestão poderia render para a empresa quando bem conduzido.

No dia seguinte à referida reunião, o diretor de operações contatou o responsável pelo setor de Gestão de Pessoas e comentou que o preenchimento da vaga agora era uma urgência. Em dez dias, estava contratada uma profissional que tinha experiência com o Sistema de Gestão da Qualidade (SGQ) e que atendia aos requisitos exigidos para a vaga, o que foi um alívio para os gestores da Molinno. No início de abril, a nova gestora do SGQ assumiu seu cargo e, imediatamente, quis inteirar-se da situação da empresa.

Ao saber da meta audaciosa – obter a certificação IATF 16949 na auditoria de recertificação das normas ISO 9001 e 14001 (as quais a Molinno já detinha) –, ela comentou: "Estou aqui para fazer o meu melhor". Sua primeira ação foi realizar um diagnóstico de como se encontrava o processo. Depois de uma semana de muito trabalho, ela já havia formulado suas primeiras impressões, listadas a seguir:

- Os departamentos não reconheciam os auditores como elementos importantes para fazer melhorias nos processos.
- Os auditores não se sentiam reconhecidos, mas punidos quando indicados para participar.
- Os auditores reclamaram da falta de disponibilidade de tempo para realizar as auditorias.
- As reuniões de análise crítica estavam sendo realizadas, mas as ações levantadas não eram tratadas.
- Os auditores internos eram apontados pelas áreas, mas sem nenhuma avaliação de suas competências técnicas.
- As áreas reclamaram que muitos relatórios de auditorias tinham sido entregues com baixa qualidade e em atraso.
- As áreas enxergam as auditorias como pró-forma, "somente para auditor ver", sem nenhuma agregação de valor.
- Foi reportado também que havia muitas discussões entre os departamentos sobre os indicadores conflitantes.

- As não conformidades reportadas foram registradas no sistema, mas sem plano de ação efetivo para eliminar as causas.
- Documentação e registros estavam desatualizados e armazenados em diferentes locais.
- Não foram ministrados treinamentos de capacitação de qualidade no último ano.
- Novos colaboradores foram contratados e não passaram por um processo estruturado de integração.

Para análise

Depois da leitura atenta desta obra, você está apto(a) a analisar o caso relatado e os elementos expostos. Então, neste momento, coloque-se no lugar da nova gestora, que recebeu uma tarefa desafiadora, e analise os levantamentos realizados à luz dos conceitos trabalhados.

Algumas reflexões com base na realidade da Molinno

- Um novo ciclo de auditoria se aproxima, sendo preciso escolher os auditores internos, pois isso é um fator crítico de sucesso de um sistema de gestão. Um RD, ou gestor do processo de auditoria, é responsável por parte do sucesso (ou do insucesso) do SGQ; por isso, resguardar-se com uma equipe qualificada e atuante, principalmente no quesito auditoria, é essencial. Na Norma ISO 19011, há dicas para a formação da equipe de auditor interno.
- Considerando que as auditorias internas são requisitos obrigatórios para as empresas que querem obter ou manter uma certificação, o responsável pelo processo de auditoria precisa envolver as lideranças para expandir o conhecimento da qualidade, demonstrando o quão importante é fazer a qualidade acontecer na empresa. Nesse caso, a certificação será uma consequência e certamente impactará a competitividade da empresa.

- Formar uma equipe de auditores provenientes de diversos departamentos confere maior pluralidade ao grupo. Fazer uma avaliação de verificação de competências pode ajudar a compor uma equipe que se complementa. Essa avaliação deve considerar as qualidades pessoais, intelectuais e técnicas e precisa ser realizada de maneira independente, baseada em padrões definidos em conjunto com a pessoa responsável pelo SGQ e nos requisitos exigidos para ser um auditor interno. O candidato deve ser avaliado por meio de testes e entrevistas, preferencialmente por mais de uma pessoa, para se formar uma visão mais ampla e até para verificar se o futuro auditor tem certos predicados, como capacidade de julgamento.

- No concernente à capacitação dos auditores internos, é necessário identificar se são voluntários (indicados, na maior parte dos casos) ou contratados para a função de auditor. Como na Molinno, pelo levantamento realizado pela gestora, eles são voluntários, a empresa precisa investir em sua capacitação. Essa qualificação deve ir além do estudo da norma que o curso básico de auditor da Norma ISO 19011 fornece, pois o auditor interno precisa conhecer as complexidades dos processos que ele vai auditar. Além disso, ele tem de entender e acreditar que o papel de auditor que ele desempenha é fundamental para a manutenção do sistema de gestão. Com o tempo, os auditores internos tendem a compreender as operações das organizações e as interconexões dos processos, bem como o impacto do atendimento aos clientes, o que pode ser considerado o maior objetivo de um SGQ, que tem as auditorias como um processo de apoio.

- Para desmistificar a crença de que um processo de auditoria é um pesadelo para os colaboradores, a gestora precisa envolvê-los, o que não foi feito na primeira fase, mas não pode ser usado como desculpa para não implementar as melhorias necessárias. Ela terá de esclarecer para toda a organização que as auditorias internas compõem o processo de certificação e ajudam a identificar oportunidades para a melhoria da empresa na conquista de seus objetivos estratégicos. Na prática, o desafio maior da gestora é criar a cultura da qualidade na Molinno, pois nas oportunidades anteriores (certificações) isso não foi feito.

- Obter a IATF, pelas oportunidades de melhoria que a gestora detectou, será um processo árduo e talvez não se torne realidade na primeira data prevista. Entretanto, se ela conseguir engajar a equipe e iniciar um plano de conscientização acerca da importância das certificações para uso e não somente para o alcance do número do certificado, provavelmente logo conseguirá vislumbrar um prazo possível para alcançar a IATF 16949 para a Molinno. Como essa norma é mais complexa do que as demais, os processos precisam estar alinhados com o planejamento estratégico (PE) da organização.

Muitos outros pontos de discussão poderiam ser levantados aqui. Logo, você pode continuar o exercício de buscar soluções para os elementos citados no caso descrito, porque subsídios nesta obra certamente você encontrará!

Considerações finais

Caro(a) leitor(a), se seu objetivo é tornar-se um(a) auditor(a), seja bem-vindo(a) ao time e saiba que terá de se qualificar constantemente, principalmente porque tudo muda e você precisa entregar sua melhor versão sempre.

Esta obra também foi escrita para não auditores, para auditados, para gestores de processos, estudantes e profissionais de diversas áreas em que as auditorias podem ser aplicadas, mesmo que esporadicamente.

A estrutura adotada neste material para a construção do conhecimento sobre auditorias da qualidade e tudo o que implica esse importante processo foi assim concebida para estabelecer uma lógica de entendimento e conexão dos assuntos. Dessa forma, quando discutimos temas como qualidade, padronização, normatização, certificação, organismos internacionais, sistema de gestão da qualidade, gestão de riscos, nosso propósito era demonstrar que as auditorias são uma ferramenta simples de entender e aplicar, servindo ao objetivo de obter dados para análise.

Após a análise crítica, os resultados obtidos nos relatórios de auditoria se tornam *input* para planos de ação de melhoria, mantendo a empresa em um círculo virtuoso, além de servirem de base para tomadas de decisão mais convergentes com a realidade da empresa. Para que isso se concretize, podem ser aplicadas as principais normas comumente auditadas nas organizações: ISO 9001, 14001 e 45001 e IATF 16949. Ao longo do livro, examinamos cada uma delas para esclarecer como o auditor pode seguir seus requisitos.

Como recurso de aprendizado para auditores, detalhamos a Norma ISO 19011, que elenca todos os requisitos que um profissional de auditoria precisa conhecer para desempenhar sua atividade com competência. Aliás, a competência foi um dos temas abordados na obra para lembrar que, para se tornar um auditor, é preciso mais que "saber fazer", é preciso também "saber ser"; a ISO 19011 salienta esse requisito em seu texto e fornece diversos exemplos. Isso significa que um profissional que deseja ser (ou já é) um auditor deve se manter em constante qualificação para acompanhar as rápidas transformações que têm impactado todo e qualquer tipo de profissão.

Por fim, ressaltamos os desafios de se manter um sistema de gestão da qualidade em movimento em uma organização, pois é mais fácil entrar na zona de conforto. Nesse sentido, o papel do responsável pelo processo de auditoria, dos auditores – principalmente internos – e da alta direção é buscar maneiras de fazer com que o processo de qualidade da organização permaneça em melhoria contínua.

Entendemos que é possível manter o sistema ativo desde que algumas ações sejam tomadas, como montar equipes de trabalho, valorizar os auditores voluntários ou contratados para a tarefa, comemorar os avanços e criar um ambiente harmônico.

Lembre-se: o relatório de fechamento apresentado pelos auditores é como uma fotografia que retrata o momento da auditoria. Assim, compete a cada envolvido decidir manter o estado das coisas e correr os riscos gerados pelas não conformidades ou melhorar e colher os frutos da excelência!

Lista de siglas

AAQG	American Aerospace Quality Group
Abendi	Associação Brasileira de Ensaios Não Destrutivos
ABNT	Associação Brasileira de Normas Técnicas
Anvisa	Agência Nacional de Vigilância Sanitária
B2B	*business to business*
CB	Comitê Brasileiro
CCQ	Círculo de Controle de Qualidade
CEE	Comissão de Estudo Especial Temporária
CIM	Coeficiente de Incidência do Município
CGCRE	Coordenação Geral de Acreditação
CNI	Confederação Nacional da Indústria
CSR	Costumer Specific Requirements
CVP	ciclo de vida do produto
DDA	Débito Direto Autorizado
Dicor	Divisão de Acreditação de Organismo de Certificação
Dicla	Divisão de Acreditação de Laboratórios
EPA	Environmental Protection Agency
ESG	*Environmental, Social and Governance*

Globalgap	The Global Partnership for Good Agricultural Practice
GLP	gás liquefeito de petróleo
GT	grupo de trabalho
IAAC	Interamerican Accreditation Cooperation
IAF	International Accreditation Forum
IATF	International Automotive Task Force
IEC	International Electrotechnical Commission
IFRS	International Financial Reporting Standards
ILAC	International Laboratory Accreditation Cooperation
Inmetro	Instituto Nacional de Metrologia, Qualidade e Tecnologia
IFRS	International Financial Reporting Standards
IoT	Internet of Things
Irca	International Register of Certificated Auditors
ITU	International Telecommunication Union
ISO	International Organization for Standardization
IT	Instrução de Trabalho
LGPD	Lei Geral de Proteção de Dados
MEG	Modelo de Excelência da Gestão
NR	Norma Regulamentadora
NTF	*no trouble found*
OAC	Órgão de Avaliação de Conformidade
OCA	Órgão Certificador de Sistema de Gestão Ambiental
OCS	Organismo de Certificação de Sistema de Gestão da Qualidade
OHSAS	Occupational Health and Safety Assessment Series
OIT	Organização Internacional do Trabalho
ONS	Organismo de Normalização Setorial
ONG	organização não governamental
Oscip	organização da sociedade civil de interesse público
OSS	Organismo de Sistemas de Gestão de Saúde e Segurança Ocupacional

PE	planejamento estratégico
PEFC	Program for the Endorsement of Forest Certification Schemes
PMD	país menos desenvolvido
PNS	Programa de Normalização Setorial
POP	Procedimento Operacional Padrão
RA	representante da administração
RAC	Registro de Auditores Certificados
RAI	Relatório de Auditoria Interna
RBC	Rede Brasileira de Calibração
RD	representante da direção
RDC	Resolução de Diretoria Colegiada
RBC	Rede Brasileira de Calibração
RNC	Relatório de Não Conformidade
RI	Regulamento Interno
SGA	Sistema de Gestão Ambiental
SGQ	Sistema de Gestão da Qualidade
SGQA	Sistema de Gestão da Qualidade Automotiva
SGI	Sistema de Gestão Integrada
SST	Saúde e Segurança do Trabalho
STP	Sistema Toyota de Produção
TI	tecnologia da informação
TIC	tecnologia da informação e da comunicação
TQC	Total Quality Control
UTI	unidade de terapia intensiva
WCM	World Class Manufacturing

Referências

ABNT – Associação Brasileira de Normas Técnicas. **NBR ISO 9001**: Sistemas de gestão da qualidade – Requisitos. 3. ed. Rio de Janeiro: ABNT, 2015a.

ABNT – Associação Brasileira de Normas Técnicas. **NBR ISO 14001**: Sistemas de gestão ambiental – requisitos com orientações para uso. 3. ed. Rio de Janeiro: ABNT, 2015b.

ABNT – Associação Brasileira de Normas Técnicas. **Guia para participação de delegados brasileiros em reuniões técnicas da ISO**. Rio de Janeiro: ABNT, 2018a. Disponível em: <https://transparencia.caubr.gov.br/arquivos/Guia_para_Participacao_na_ISO_v3.pdf>. Acesso em: 18 nov. 2021.

ABNT – Associação Brasileira de Normas Técnicas. **NBR ISO 19011**: Formação de auditor interno da qualidade. Rio de Janeiro: ABNT, 2018b.

ABNT – Associação Brasileira de Normas Técnicas. **NBR ISO 45001**: Sistemas de gestão da qualidade – requisitos. Rio de Janeiro: ABNT, 2018c.

ABNT – Associação Brasileira de Normas Técnicas. **NBR ISO 19011**: Diretrizes para auditoria do sistema de gestão. 3. ed. Rio de Janeiro: ABNT, 2018d.

ABNT – Associação Brasileira de Normas Técnicas. **Catálogo de cursos**: Formação de auditor interno da qualidade. Rio de Janeiro: ABNT, 2021a. Disponível em: <https://www.abntcatalogo.com.br/curs.aspx?Q=ajJuQWxQcXI2bjZUc0hLcTRRZXNxRnFGOFM3dU5oSVM=>. Acesso em: 27 set. 2022.

ABNT – Associação Brasileira de Normas Técnicas. **Catálogo de cursos**: Formação de auditor líder da qualidade. Rio de Janeiro: ABNT, 2021b. Disponível em: <https://www.abntcatalogo.com.br/curs.aspx?Q=OCtUVC9pem9kYjJNanFsM0JJVDQrYnNoaU1uYnAxRDE=>. Acesso em: 27 set. 2022.

ABNT – Associação Brasileira de Normas Técnicas. **Como elaborar normas**. Rio de Janeiro: ABNT, 2022a. Disponível em: <https://abnt.org.br/normalizacao/participar-da-elaboracao>. Acesso em: 20 jan. 2022.

ABNT – Associação Brasileira de Normas Técnicas. **Sobre certificação**. Rio de Janeiro: ABNT, 2022b. Disponível em: <https://www.abnt.org.br/certificacao/sobre>. Acesso em: 20 jan. 2022.

ABNT – Associação Brasileira de Normas Técnicas. **Sobre a normalização**. Rio de Janeiro: ABNT, 2022c. Disponível em: <https://www.abnt.org.br/normalizacao/sobre>. Acesso em: 20 set. 2022.

ALENCASTRO, M. S. **Empresas, ambiente e sociedade**: introdução à gestão socioambiental corporativa. Curitiba: InterSaberes, 2012.

ANDRADE, R. B. de. Custo Brasil: o preço é alto demais. **Agência de Notícias da Indústria**, 28 set. 2021. Disponível em: <https://noticias.portaldaindustria.com.br/artigos/robson-braga-de-andrade/custo-brasil-o-preco-e-alto-demais/>. Acesso em: 23 set. 2022.

ARAÚJO, B. C. C.; BARBOSA, A. de F. B. Estudo e considerações sobre a revisão da NBR 13755:2017 com ênfase na gestão de risco proposta pela ISO 9001:2015. **Revista de Engenharia** e **Pesquisa Aplicada**, Recife, v. 4, n. 4, p. 48-59, nov. 2019. Disponível em: <http://revistas.poli.br/index.php/repa/article/view/1193/527>. Acesso em: 21 set. 2022.

BASILIO, P. Brasil é o 2º país do G20 em mortalidades por acidentes no trabalho. **G1**, 1º maio 2021. Economia. Disponível em: <https://g1.globo.com/economia/noticia/2021/05/01/brasil-e-2o-pais-do-g20-em-mortalidade-por-acidentes-no-trabalho.ghtml>. Acesso em: 22 set. 2022.

BRASIL. Lei n. 13.709, de 14 de agosto de 2018. **Diário Oficial da União**, Poder Executivo, Brasília, DF, 15 ago. 2018. Disponível em: <http://www.planalto.gov.br/ccivil_03/_ato2015-2018/2018/lei/l13709.htm>. Acesso em: 22 set. 2022.

BRASIL. **Serviços do governo para você**. Disponível em: <https://www.gov.br/pt-br>. Acesso em: 19 set. 2022.

CAMPOS, V. F. **Controle de qualidade total (no estilo japonês)**. Rio de Janeiro: Bloch Editores, 1992.

CAMPOS, V. F. **Qualidade total**: padronização de empresas. Nova Lima: Falconi, 2014.

CARPINETTI, L. C. R.; MIGUEL, P. A. C.; GEROLAMO, M. C. **Gestão da qualidade**: ISO 2008 – princípios e requisitos. São Paulo: Atlas, 2011.

CARPINETTI, L. C. R.; GEROLAMO, M. C. **Gestão da qualidade ISO:2015**: requisitos e integração com a ISO 14001:2015. São Paulo: Atlas, 2016.

CASTELLA, P. R. **Cronologia histórica meio ambiente**. Disponível em: <http://www.educadores.diaadia.pr.gov.br/arquivos/File/educacao_ambiental/evolucao_historica_ambiental.pdf>. Acesso em: 21 set. 2022.

CHIROLI, D. M. G. **Avaliação de sistemas de qualidade**. Curitiba: InterSaberes, 2016.

DIAS, S. V. S. **Auditoria de processos organizacionais**: teoria, finalidade, metodologia de trabalho e resultados esperados. São Paulo: Atlas, 2015.

ESPÍRITO SANTO (Estado). Centro de Comando e de Controle Covid-19. **Estratégia de mapeamento de riscos e medidas qualificadas no Espírito Santo**. Disponível em: <https://coronavirus.es.gov.br/Media/Coronavirus/Downloads/Cartilha-COVID19%2025.05.2020.pdf>. Acesso em: 23 set. 2022.

HISTÓRIA da auditoria de sistemas de gestão: ISO 19011. **Ambipar VG**, 28 dez. 2018. Disponível em: <https://www.verdeghaia.com.br/ISO-19011-auditoria-sistema-gestao/>. Acesso em: 22 set. 2022.

IATF – International Automotive Task Force. IATF 16949 – Norma de Sistema de Gestão da Qualidade Automotiva. **Requisitos do Sistema de Gestão de Qualidade Automotiva e de peças para reposição.** 1. ed. 2016.

INMETRO – Instituto Nacional de Metrologia, Qualidade e Tecnologia. **Acreditação**. Disponível em: <https://www.gov.br/inmetro/pt-br/assuntos/acreditacao/cgcre/acreditacao>. Acesso em: 21 set. 2022a.

INMETRO – Instituto Nacional de Metrologia, Qualidade e Tecnologia. **Organismos acreditados**. Disponível em: <http://www.inmetro.gov.br/organismos/index.asp>. Acesso em: 21 set. 2022b.

ISO – International Organization for Standardization. **About Us**. Disponível em: <https://www.ISO.org/about-us.html>. Acesso em: 20 set. 2022.

LINS, L. S. **Auditoria**: uma abordagem prática com ênfase na auditoria externa. São Paulo: Atlas, 2014.

MAFFEI, J. **Curso de auditoria**: introdução à auditoria de acordo com as normas internacionais e melhores práticas. São Paulo: Saraiva, 2015.

MAXIMIANO, A. C. A. **Teoria geral da administração**. São Paulo: Atlas, 2009.

O'HANLON, T. **Auditoria da qualidade**: com base na ISO 9001:2000 – conformidade agregando valor. São Paulo: Saraiva, 2006.

PALADINI, E. P. **Avaliação estratégica da qualidade**. São Paulo, Atlas, 2011.

PALADINI, E. P. **Gestão estratégica da qualidade**: princípios, métodos e processos. São Paulo, Atlas, 2009.

RIBEIRO, O. M.; COELHO, J. M. R. **Auditoria**. São Paulo: Saraiva Educação, 2018.

SACHS, I. **Desenvolvimento**: includente, sustentável, sustentado. Rio de Janeiro: Garamond, 2008.

SANTOS NETO, J. M. dos. Norma IATF 16949: o que é, interações e os core tools. **Blog Qualyteam**, 2021. Disponível em: <https://qualyteam.com/pb/blog/iatf-16949-o-que-e-interacao-da-norma-e-os-core-tools/>. Acesso em: 22 set. 2022.

SILVA, A. B. da. **A arte da guerra**: os trezes capítulos originais – Sun Tzu. São Paulo: Jardim dos Livros, 2012.

SILVA, D. L.; LOBO, R. N. **Gestão da qualidade**: diretrizes, ferramentas, métodos e normatização. São Paulo: Érica, 2014.

SILVA, H. A. **Auditoria de sistema de gestão da qualidade, ambiental, saúde e segurança ocupacional integrados**. São Paulo: Scortecci, 2018.

SILVA, R. A.; FRANCO, P. R. **Jogos de empresas**: estratégias para competir. Curitiba: InterSaberes, 2018.

SILVA, R. A.; SILVA; O. R. **Qualidade, padronização e certificação**. Curitiba: InterSaberes, 2017.

SOUZA, H. E. L. **Auditoria interna**: guia básico para formação de auditores. Curitiba: Clube dos Autores, 2019.

TOLEDO, J. C. et al. **Qualidade**: gestão e métodos. Rio de Janeiro: LTC, 2014.

TST – Tribunal Superior do Trabalho. Justiça do Trabalho. **A cada 15 segundos, um trabalhador morre de acidentes ou doenças relacionadas com o trabalho**. 27 abr. 2015. Disponível em: <https://www.tst.jus.br/web/trabalhoseguro/programa/-/asset_publisher/0SUp/content/a-cada-15-segundos-um-trabalhador-morre-de-acidentes-ou-doencas-relacionadas--com-o-trabalho>. Acesso em: 22 set. 2022.

Respostas

Capítulo 1

Questões para revisão

1. (1) Entrega atrasada; (2) produto que apresentou defeito no uso; (3) atendimento inadequado do colaborador; (4) pedido que não foi atendido conforme o previsto.

2. Quando a empresa adota a estratégia *top-down*, ela reconhece que os processos gerenciais não estão adequados e realiza ajustes nos procedimentos e documentos necessários (políticas, diretrizes, manuais) para a padronização de sua rotina. Já na estratégia *bottom-up*, a empresa inicia o processo de mudança em suas bases operacionais e segue até chegar à área de suporte e gerência.

3. d

4. c

5. e

Capítulo 2

Questões para revisão

1. (1) Conformidades nos processos internos da organização; (2) fomento à criação da cultura da qualidade na organização; e (3) monitoramento dos processos de melhoria contínua da empresa.

2. Quanto às partes interessadas, as auditorias podem ser:

- de primeira parte – internas, realizadas por colaboradores da empresa, que são os auditores internos, para identificar pontos de melhoria nos processos;
- de segunda parte – externas, realizadas por colaboradores da empresa ou terceirizados nos fornecedores da empresa, com vistas a minimizar riscos na cadeia de abastecimento
- de terceira parte – externas, realizadas por auditores externos e independentes em empresas já certificadas ou em fase de certificação.

3. a

4. d

5. e

Capítulo 3

Questões para revisão

1. Considerando que os processos produtivos em geral agridem, em maior ou menor grau, o meio ambiente, as empresas precisam adotar ações que minimizem esses efeitos negativos. A implementação da Norma ISO 14001 exigirá um rigoroso mapeamento dos processos da empresa, principalmente aqueles que, de alguma forma, podem poluir o meio ambiente. Após esse mapeamento, ações para eliminar ou mitigar tais efeitos terão de ser implementadas, desde a melhoria do processo produtivo até as questões envolvidas com ações de contingência, caso aconteça um acidente ambiental.

2. Por padronização, as normas se estruturam em dez capítulos. Essa padronização facilita a adequação das auditorias nas empresas que contam com mais de uma norma implementada. Para o auditor, isso também facilita a realização das auditorias, pois, quando ele estiver auditando os requisitos da norma que constam em algum capítulo, saberá que pode avaliar com a visão de qualquer uma das normas de que a empresa dispõe.

3. e

4. b

5. d

Capítulo 4

Questões para revisão

1. As auditorias internas geralmente são realizadas pelos colaboradores da empresa, que são auditores internos qualificados para essa atividade. É chamada também de *auditoria de primeira parte*. Já as auditorias externas são realizadas por auditores externos e independentes, geralmente conveniados de empresas certificadoras. Podem ser auditorias de segunda parte, mas, na maioria das vezes, são auditorias de terceira parte.

2. Empresas de todos os segmentos podem ser alvo de *recall*, que é um procedimento de comunicação pública em que a empresa fornecedora ou intermediária informa que o produto ou serviço apresenta determinada falha e qual o risco que o consumidor corre. O *recall* pode envolver produtos que apresentam defeitos de fabricação ou gerar acidentes com os usuários, mas também pode ocorrer em caso de serviços.

3. e

4. c

5. e

Capítulo 5

Questões para revisão

1. Com a realização de auditorias frequentes, o auditor interno conhece o *modus operandi* da empresa. Isso inclui compreender como funcionam os *inputs*, os processos e os *outputs* de toda a operação da empresa, a forma como os gestores lidam com as decisões organizacionais e até o modelo de gestão.

2. A matriz GUT (gravidade, urgência e tendência) serve para priorizar uma ação de melhoria, quando a empresa apresenta várias necessidades. Para aplicar a matriz GUT, os gestores listam as falhas identificadas em uma auditoria, por exemplo, e atribuem valores considerando sua criticidade. Assim, o problema que tiver o valor mais alto será o primeiro a ser tratado.

3. d

4. a

5. c

Capítulo 6

Questões para revisão

1. Fases do ciclo de auditoria:

Planejar – Definir recursos, escopo, risco, datas de abertura e fechamento das auditorias.

Preparar – Preparar as auditorias, negociar as datas, acertar os detalhes com a equipe, verificar a documentação.

Realizar – Fazer as reuniões de abertura, executar as auditorias, emitir os relatórios.

Encerrar – Fazer a reunião de fechamento, discutir os pontos levantados pelos auditores, discutir as conformidades, as não conformidades e as observações registradas.

Follow-up – Acompanhar os processos pós-auditoria, monitorar as não conformidades, verificar a eficácia das ações.

2. A diferença entre os métodos é que, no rastreamento para frente, o auditor realiza a auditoria mapeando do começo do processo para o final – por exemplo, desde a solicitação de compras até o pagamento da nota fiscal da compra. Já no rastreamento para trás, o auditor pode partir do pagamento do boleto até chegar à solicitação de compras.

3. b

4. c

5. c

Capítulo 7

Questões para revisão

1. **Conformidades** – É o registro dos requisitos que foram verificados pelos auditores e estavam de acordo com o que a norma solicita.

Não conformidades – Ocorrem quando os requisitos da norma deixam de ser cumpridos e são verificados em auditoria.

Observações – São apontamentos feitos pelos auditores e que merecem a atenção dos gestores.

2. O auditor precisa conversar com o auditado ao identificar a não conformidade. Isso é importante porque o auditado tem de compreender o motivo de tal apontamento e é necessário que fique claro para ele quais são os requisitos da norma que não foram atendidos. Não se deve informar o auditado sobre uma não conformidade somente na reunião de fechamento.

3. a

4. b

5. b

Sobre a autora

Rosinda Angela da Silva é natural de Medianeira, Paraná. É mestre em Desenvolvimento de Tecnologia pelo Instituto de Tecnologia para o Desenvolvimento Lactec, em parceria com o Instituto de Engenharia do Paraná (IEP), na área de concentração em meio ambiente. É mestre em Negócios Internacionais pela Universidade de Ciências Empresariais e Sociais (UCES), de Buenos Aires, e bacharel em Administração pelo Centro Universitário Campos de Andrade (Uniandrade). Tem MBA em Comércio Internacional e especialização em Logística e em Tutoria em EAD pelo Instituto Brasileiro de Pós-Graduação e Extensão (IBPEX); especialização em Sistema de Gestão Integrado (Qualidade, Meio Ambiente, Saúde e Segurança do Trabalho) pela Pontifícia Universidade Católica de Minas Gerais (PUC Minas); e especialização em Gestão Estratégica em Compras pela Sociedade Educacional de Santa Catarina (Sociesc). Desde 2001, trabalha na área de suprimentos industriais em uma indústria metalúrgica, onde exerce também as funções de gestora do grupo de 5S, o qual atua nas frentes de meio ambiente e reciclagem. É auditora interna da qualidade na Norma

ISO 9001 e integra o grupo de melhoria em logística, que busca soluções para os problemas do cotidiano da fábrica. Em 2005, tornou-se professora do Centro Universitário Internacional Uninter, nas disciplinas de Gestão da Produção, Gestão de Materiais e Estoques, Auditorias, Gestão e Ferramentas da Qualidade, para graduação e pós-graduação, nas modalidades presenciais e EaD. É responsável pelos docentes no projeto de Monitoria do curso de Administração EaD e orienta trabalhos de conclusão de curso (TCCs). Tem interesse em pesquisa científica e em trabalhos profissionais sobre os temas conectados à filosofia *Lean*, melhoria de processo, qualidade, produtividade, logística e comércio exterior.

Os papéis utilizados neste livro, certificados por instituições ambientais competentes, são recicláveis, provenientes de fontes renováveis e, portanto, um meio responsável e natural de informação e conhecimento.

FSC
www.fsc.org
MISTO
Papel produzido
a partir de
fontes responsáveis
FSC® C103535

Impressão: Reproset
Março/2023